CATALOGUE

DES

MÉDAILLES

ANTIQUES, DE LA RENAISSANCE & DES TEMPS MODERNES

QUI COMPOSENT LA COLLECTION

DE FEU

M. LE COMTE DE POURTALÈS-GORGIER

DONT LA VENTE AURA LIEU

EN SON HOTEL, RUE TRONCHET, 7

Les Lundi 27, Mardi 28 Février et Mercredi 1er Mars 1865

A UNE HEURE ET DEMIE

COMMISSAIRES-PRISEURS

Me CHARLES PILLET — Me EUGÈNE SCRIBE

EXPERTS

MM. ROLLIN & FEUARDENT, 12, RUE VIVIENNE.

EXPOSITIONS { PARTICULIÈRE, le Samedi 25 Février 1865,
PUBLIQUE, le Dimanche 26 Février 1865,

De une heure à cinq heures.

CONDITIONS DE LA VENTE

Elle sera faite au comptant.

Les adjudicataires payeront cinq pour cent en sus des enchères.

Les expositions publiques et particulières mettant le public à même de se rendre compte de l'état des objets, il ne sera admis aucune réclamation une fois l'adjudication prononcée.

Ce Catalogue se trouve :

Chez MM.

A Paris,	Charles Pillet, commissaire-priseur, 11, rue de Choiseul.
—	Eugène Escribe, commissaire-priseur, 217, rue Saint-Honoré.
—	Rollin et Feuardent, experts, 12, rue Vivienne.
—	Roussel, expert, 20, rue de la Victoire.
—	Mannheim, Experts, 10, rue de la Paix.
—	Ferd. Laneuville, expert, 73, rue Neuve des Mathurins.
A Londres,	Colnaghi, 14, Pall-Mall-East.
—	John Webb, 22, Cork-Street, Burlington-Garden.
—	H. Durlacher, 113, New-Bond street.
—	Annoot, 16, Old-Bond street.
—	F. Davis, 101, New-Bond street.
A Bruxelles,	Etienne Leroy, 12, place du Grand-Sablon.
A Berlin,	Fiocati, 21, unter den Linden.
A Vienne,	Artaria et Ce.
A Francfort-s.-Mein.	Lœvenstein frères, Zeil.
—	Goldschmidt, Zeil.
A Saint-Pétersbourg.	Negri, père et fils.
A La Haye,	Van Gogh, marchand d'estampes.

DESCRIPTION

DES

MÉDAILLES

FAISANT PARTIE DES COLLECTIONS

DE FEU

M. LE COMTE DE POURTALÈS-GORGIER

MÉDAILLES GRECQUES

GAULE.

1. **Marseille.** Tête d'Apollon, ℞. Roue; MA dans les contours. Æ. 1. 4 pièces. B.

CAMPANIE.

2. **Neapolis.** Tête de Parthénope, à dr.; derrière, un *Diota*. ℞. ΝΕΟΠΟΛΙΤΩΝ. Bœuf à face humaine, à dr., couronné par la Victoire. Æ. 5. B.

3. **Roma.** Tête d'Hercule jeune, à dr., la massue sur l'épaule. ℞. ROMANO. La Louve allaitant Romulus et Rémus. Æ. 5.

CALABRE.

4. **Tarente.** Cavalier au repos, à dr.; devant, une figure accroupie. ℞. ΤΑΡΑΣ. Taras sur un dauphin, à g. Æ. 5.

LUCANIE.

5. **Metaponte.** ΜΕΤΑ. Épi en relief. ℞. Épi en creux. Æ. 6. B.

6. **Posidonia.** ΠΟΣΕΙ. Neptune, à dr., frappant de son trident. ℞. ΠΟΜΕΣΔΑΝ. Taureau, à g. Æ. 5. B.

7. **Velia**. Tête de Pallas, à g. ℞. ΥΕΛΗΤΩΝ. Lion dévorant un cerf. Æ. 5. B.

8. — Même tête, à dr. ℞. ΥΕΛΗΤΩΝ. Lion marchant, à dr. Æ. 5. B.

SICILE.

9. **Messana**. Figure debout conduisant un char, à dr.; au-dessus, une Victoire couronne les chevaux. ℞. ΜΕΣΣΑΝΙΩΝ. Lièvre courant, à dr.; au-dessous, un dauphin. Æ. 7. TB.

10. **Naxos.** Tête de Bacchus indien, à dr. ℞. ΝΑΞΙΩΝ. Silène de face, tenant le canthare. (Fabrique la plus récente.) Æ. 7. B.

11. **Syracuse.** ΣΥΡΑΚΟΣΙΩΝ. Tête de Proserpine, à dr., entourée de quatre dauphins; derrière, une coquille. ℞. Figure dans un quadrige, à dr.; dessous, des armes. Æ. 9. TB.

12. — Même pièce, avec le nom de ΕΥΑΙΝΕ. Æ. 10. B.

13. — Même pièce et même nom, d'un coin différent. Æ. 10. B.

14. — Même tête; dessous, ΝΙ. ℞. ΣΙΡΑΚΟΣΙΩΝ. Figure dans un quadrige lauré au galop, à g.; dessous, triquetra. Æ. 7. B.

15. — ΣΙ........ Même tête, à g., les cheveux retenus dans un large bandeau. ℞. Sans légende. Figure barbue dans un quadrige, deux des chevaux se retournent. Æ. 7. B.

16. **Philistis, reine**. Tête voilée de Philistis, à g. ℞. ΒΑΣΙΛΙΣΣΑΣ. ΦΙΛΙΣΤΙΔΟΣ. Figure dans un quadrige au pas, à dr. Æ. 7. B.

THRACE.

17. **Maronée.** Tête de Bacchus, à dr. ℞. ΔΙΟΝΥΣΟΥ. ΣΩΤΗΡΟΣ. ΜΑΡΩΝΙΤΩΝ. Bacchus debout, à g., tenant de la droite une grappe de raisin, de la gauche deux traits. Æ. 9. B.

18. **Lysimaque, roi.** Tête couronnée et diadémée du roi, à dr. ℞. ΒΑΣΙΛΕΩΣ. ΛΥΣΙΜΑΧΟΥ. Pallas assise, à g.; au bas, un trident. OR. 4.

19. — Même type, Æ. 9. 2 pièces.

MACÉDOINE.

20. **Lete.** Homme nu debout, à dr., tenant dans ses bras une femme. ℞. Carré creux divisé en quatre parties. Æ. 5. B.

21. **Philippe II, roi.** Tête de Jupiter, à dr. ℞. ΦΙΛΙΠΠΟΥ. Cavalier allant à dr.; dessous le cheval, une grappe de raisin. Æ. 6.

22. — Tête d'Apollon, à dr. ℞. ΦΙΛΙΠΠΟΥ. Figure conduisant un bige, à dr. OR. 4. 2 p.

23. **Alexandre le Grand.** Tête de Pallas, à dr. ℞. ΒΑΣΙΛΕΩΣ. ΑΛΕΞΑΝΔΡΟΥ. Victoire, à gauche, tenant une couronne. OR. 4.

24. — Tête d'Hercule jeune, à dr. ℞. ΑΛΕΞΑΝΔΡΟΥ. Jupiter assis, à g. Æ. 4 et 7. 3 p.

25. **Antigone Gonatas, roi.** Bouclier macédonien ; au milieu, une tête cornue. ℞. ΒΑΣΙΛΕΩΣ. ΑΝΤΙΓΟΝΟΥ. Pallas debout, à g., armée d'une lance et d'un bouclier. Æ. 9.

THESSALIE.

26. **Larissa.** Homme domptant un taureau, à dr. ℞. ΛΑΡΙΣΣΑ. Cheval courant, à dr. Æ. 5. TB.

27. — Tête de femme, de face. ℞. ΛΑΡΙΣΑΙΩΝ. Cheval paissant, à dr. Æ. 5.

28. — Tête de femme, à dr., les cheveux retenus dans un large bandeau. ℞. ΛΑΡΙΣΑΙ. Homme debout arrêtant un cheval au galop, à dr. Æ. 5. TB.

29. — Même tête, à gauche. ℞. ΛΑΡΙΣΑΙΑ. Cheval courant, à g. Æ. 5. TB.

ÉPIRE.

30. **In genere.** Tête de Jupiter, à dr. ℞. ΑΠΕΙΡΩΤΑΝ. Aigle sur un foudre, à dr.; le tout au milieu d'une couronne. Æ. 4. B.

ACARNANI.

30 *bis*. **Argos Amphilochium.** ΑΡΓΕΙ. Tête de Pallas, à

g.; derrière, un casque. ℞. Pégase, à g.; dessous, une tête de loup. Æ. 5.

PHOCIDE.

31. **Phoci.** Tête de taureau, de face. ℞. ΦΟΚΙ. Tête de femme, à dr., dans un carré creux. Æ. 3. B.

BÉOTIE.

32. **Thèbes.** Bouclier béotien. ℞. ΘΕ. Diota. Æ. 6. B.

ATTIQUE.

33. **Athènes.** Tête casquée de Minerve, à dr. ℞. ΑΘΕ. Chouette, dans le champ; derrière, une branche d'olivier; le tout dans un carré creux. Æ. 6. B. 3 p.

34. — Même pièce (didrachme). Æ. 5. TB.

35. — Même tête. ℞. ΑΘΕ. ΤΙΜΑΡΧΟΥ. ΝΙΚΑΤ. etc. Chouette sur un diota; derrière, une ancre et étoile. Æ. 9. B.

36. **Aegina.** Tortue de terre. ℞. Aire en creux divisé en cinq parties. Æ. 5.

ARGOLIDE.

37. **Argos.** Partie antérieure de loup, à g. ℞. Α et creux divisé. Æ. 3.

38. — Même type. Le loup, à dr. ℞. Α et ΕΥΘΥΚΛΕΟΥ. Æ. 4. B.

CRÈTE.

39. **Cnossus.** Tête de femme couronnée, à g. ℞. ΚΝΟΣΙ. Labyrinthe; dans le champ, Α. Ρ. Æ. 5.

PAPHLAGONIE.

40. **Sinope.** Tête de femme, à g. ℞. ΣΙΝΩ. Aigle sur un dauphin, à g. Æ. 5.

MYSIE.

41. **Parium.** ΠΑΡΙ. Bœuf, à g., se retournant à droite. ℞. Masque de face. Æ. 3. B.

42. **Pergame**. Ciste mystique d'où sort un serpent; le tout dans une couronne de pampres. ℞. ΠΕ. ΔΗ. ΠΥ. Deux serpents autour d'un carquois. Æ. 7. B.

TROADE.

43. **Abydus.** Tête cornue de Bacchus, à dr. ℞. Aigle, à dr., se retournant au milieu d'un carré. EL. 1. B.

44. **Tenedos**. Tête de Janus. ℞. ΤΗΝΕΔΙΩΝ. Bipenne. Æ. 4.

ÉOLIE.

45. **Myrrhina**. Tête d'Apollon, à dr. ℞. ΜΥΡΙΝΑΙΩΝ. Femme debout, à dr., à ses pieds, un vase et la cortine; le tout au milieu d'une couronne. Æ. 9.

LESBOS.

46. **Mytilène**. Tête d'Apollon, à dr. ℞. Tête de Diane dans un carré. EL. 1. 2 pièces.

IONIE.

47. **Lebedus**. Tête casquée, à dr. ℞. Chouette au milieu d'un carré. EL. 1. B.

48. — Tête de Bacchus jeune, à dr. ℞. Tête de face d'un Satyre au milieu d'un carré. EL. 1.

49 **Phocée**. Tête de femme, à g. ℞. Carré creux divisé en quatre parties. EL. 1. B.

CARIE.

50. **Rhodes**. Tête de face. ℞. ΡΟ. Rose ou fleur du balaustium. Æ. 3. B.

PAMPHYLIE.

51. **Aspendus.** Deux éphèbes luttant. ℞. ΕΣΤΓΕΔΙΙΥΣ Frondeur debout, à dr. Æ. 6.

PERSE.

52. **Darius, roi.** Le roi un genou en terre, à dr., tenant l'arc et un trait. ℞. Creux informe.

PARTHES.

53. **Orodes 1, roi.** Buste du roi, à dr. ℞ ΒΑΣΙΛΕΩΣ, etc. Le roi assis, à dr., tenant l'arc. Æ. 4.

54. **Gotarzes, roi.** Buste du roi. à g. ℞. ΒΑΣΙΛΕΩΣ, etc. Le roi assis, recevant une couronne d'une femme debout ; dans le champ, la date ΘΝΤ (an 359). Æ. 7. P.

PERSES SASSANIDES.

55. **Chosroës 2, roi.** Légende Sassanide. Buste du roi, à dr. ℞. Pyrée entre les deux figures debout, de face. Æ. 9. TB.

ÉGYPTE.

56. **Ptolémée Soter.** Tête diadémée du roi, à dr. ℞. ΒΑΣΙΛΕΩΣ. Aigle sur un foudre, à gauche; dans le champ, ΣΙ. Æ. 8. B.

57. **Arsinoé** (femme de Philadelphe). Tête voilée de la reine, à dr. ℞. ΑΡΣΙΝΟΗΣ. ΦΙΛΑΔΕΛΦΟΥ. Double corne d'abondance. OR. 7. F. D. C.

58. **Ptolémée VIII** ou **IX.** Tête diadémée du roi, à dr. ℞. ΠΤΟΛΕΜΑΙΟΥ. ΒΑΣΙΛΕΩΣ. Aigle sur un foudre, à g.; dans le champ. ΛΒ et ΠΑ. Æ. 7. B.

CYRÉNAIQUE.

59. **Cyrène.** Tête jeune cornue, à g. ℞. ΚΥΡΑ. Sylphium; dans le champ, ΙΠΟ. Æ. 5. TB.

NUMIDIE.

60. **Jugurtha, roi.** Tête laurée, à g. ℞. Éléphant, à dr.; dessous, un caractère phénicien. Æ. 4. B.

61. **Juba 1, roi.** REX. IVBA. Buste du roi, à dr., un sceptre sur l'épaule. ℞. Légende numide. Temple à huit colonnes. Æ. 4. TB.

MAURITANIE.

62. **Juba 2, roi.** REX. IVBA. Tête diadémée du roi, à d . ℞. R. LX. VIII. Deux cornes d'abondance. Æ. 3. B.

FAMILLES CONSULAIRES

63. **Aurelia,** 1 pièce. *Calpurnia*, 1 p. *Carisia*, 2 p. *Cassia*, 3 p. *Considia*, 1 p. *Cornelia*, 4 p. AR. 12 p.

64. **Cossutia,** 1 p. *Domitia*, 2 p. *Egnatuleia*, 1 p. *Furia*, 2 p. *Herennia*, 1 p. *Hosidia*, 1 p. *Hostilia*, 1 p. AR. 9 p.

65. **Julia,** 4 p. *Junia*, 1 p. *Livineia*, 1 p. *Marcia*, 2 p. *Minucia*, 1 p. *Mussidia*, 1 p. *Nonia*, 1 p. AR. 12 p.

66. **Norbana,** 1 p. *Plaetoria*, 2 p. *Plancia*, 2 p. *Plautia*, 1 p. *Pomponia*, 3 p. *Postumia*. 1 p. *Procilia*. 2 p. AR. 12 p.

67. **Rustia,** 1 p. *Silia*, 1 p. *Titia*. 1 p. *Titurin*, 1 p. *Valeria*, 2 p. *Vibia*, 1 p. *incertaine*, 4 p. AR. 11 p.

68. Tête de Janus, ℟. ROMA. Proue de navire. Æ. 9 as.

EMPIRE ROMAIN

69. **Pompée,** PRAEF. CLAS. Etc. Anapius et Amphinomus. (Cohen, n. 12.) AR.

70. — Tête de Janus. ℟. PIVS. IMP. Proue de navire. (Coh., 18.) GB.

JULES CÉSAR.

71. — C. CAESAR. Tête laurée voilée, à dr. AR. Hache, vase et bâton augurale. Type de la famille Hirtia. (Coh., 48.) OR. B.

72. — Q. VOCONIVS. VITVLVS. Q. DESIGN. Vénus, à g. (Coh., 44.) AR.

73. — P. SEPVLLIVS. MACER. Veau debout à g. (Coh., 39). AR.

74. — Famille Clovia. 2 p. et Oppia, 1 p. MB. 3 p.

75. — Tête de César. ℟. Bellérophon sur Pégase, (fr. à Corinthe.) MB.

JULES CÉSAR ET AUGUSTE.

76. — DIVOS IVLIOS. Tête laurée, à dr. ℟. CAESAR. DIVI. F. Tête nue d'Auguste. (Coh., 5.) GB. 2 p.

77. — Id. Vienne et Lyon. GB. 2 p.

CASSIUS LONGINUS.

78. — Tête de la Liberté. ℞. LENTVLVS. SPINT. Vase de sacrifice et bâton d'augure (Coh., 2.) Æ. TB.

LÉPIDE ET AUGUSTE.

79. — LEPIDVS. PONT. MAX. III. VIR. R. P. C. Tête de Lépide. (Coh., 2.) Æ.

MARC ANTOINE.

80. — M. SILANVS. AVG. Q. PRO. COS. En deux lignes (Coh., 69.) Æ.

ANTOINE ET AUGUSTE.

81. — M. ANTONIVS. III. VIR. R. P. C. M. BARBAT. Q. P. (Coh., 7.) Æ.

CLÉOPATRE.

82. — Tête diadémée de la Reine. ℞. ΚΛΕΟΠΑΤΡΑΣ. ΒΑΣΙΛ. Aigle, à g. (fr. à Alexandrie.) GB.

CLÉOPATRE ET MARC ANTOINE.

83. — CLEOPATRE. REGINAE. REGVM. FILIORVM. REGVM. Son buste diadémé, à dr. (Coh., 1) Æ. B.

LUCIUS ANTOINE ET MARC ANTOINE.

84. — L. ANTONIVS, COS. Sa tête nue, à dr. (Coh., 1.) Æ.

AUGUSTE.

85. — IMP. X. ACT. Apollon debout, à g. (Coh., 128.) OR.

86. — T. CAESAR. AVG. F. TR. POT. XV. Tibère dans un quadrige. (Coh., 231.) OR.

87. — AVGVSTVS. Capricorne. (Coh., 28.) Æ. Médaillon. TB.

88. — DIVVS. IVLIVS. Comète. (Coh., 94.) Æ.

89. — COS. ITER. ET. ITER. DESIG. Instruments pontificaux. (Coh., 89.) Æ.

90. — ROM. ET. AVG. Autel de Lyon. (Coh., 173.) GB.

91. — CONSENSV. SENAT. ET. EQ. ORDIN. P. Q. R. Auguste assis, à g. (Coh., 263.) MB.

92. — PONTIF. MAXIM. TRIBVN. POTEST. XXXIIII. S. C. (Coh., 271.) MB.

93. — PROVIDENT. Autel. (Coh., 272.) MB. 2 p.

94. — S. C. Livie assise, à dr. (Coh., 279.) MB.

95. — S. C. Aigle éployé, de face. (Coh., 282.) MB.

96. — LICINIVS. STOLO. III. VI. R. A. A. A. F. S. C. (Coh., 431.) GB.

97. — IMP. NERVA. Et dans le champ. S. C. (Coh., 493.) GB.

98. — Même légende. Globe et gouvernail. (Coh., 495.) MB.

99. — AVGVSTVS. Tête nue, à dr. ℞. C. A. dans une couronne. (Frappée à Casarea Panias.) GB.

AUGUSTE ET LIVIE.

100. — IVLIA. AVGVSTA. GENETRIX. ORBIS. Tête de Livie, à g. (Frappée à Romula.) GB.

LIVIE.

101. — S. P. Q. R. IVLIAE. AVGVSTAE. Carpentum attelé de deux mules. (Coh., 4.) GB. 2 p. B.

102. — PIETAS. Buste de Livie voilée. (Restituée par Titus.) (Coh., 8.) MB. B.

103. — IVSTITIA. Buste diadémé de Livie. (Coh., 2.) MB.

104. — SALVS. AVGVSTA. Buste de Livie les cheveux relevés. (Coh., 3.) MB.

M. AGRIPPA ET AUGUSTE.

105. — M. AGRIPPA. PLATORINVS. III. VIR. Tête nue d'Agrippa, à dr. (Coh., 3.) Æ.

106. —. IMP. DIVI. F. PP. Les deux têtes adossées. ℞. COL. NEM. Crocodile. MB. 2 p.

MARCUS AGRIPPA.

107. — Neptune debout, à g. (Coh., 3.) MB. 2 p.

108. AGRIPPA. Tête laurée, à dr. ℟. MVNICIP. PARENS. acrostolium. (Fr. en Espagne.) GB. B.

JULIE ?

109. — Sans légende. Son buste à dr. ℟. Inscription africaine. Buste de Pallas, à gauche. (Coh., 1.) MB.

AUGUSTE ET TIBÈRE.

110. — TI CAESAR DIVI. F. AVGVSTVS. Tête de Tibère. ℟. DIVVS AVGVST DIVI. F. Tête laurée d'Auguste. (Coh., 3. OR.

TIBÈRE.

111. — PONTIF. MAXIM. Livie assise, à dr. (Coh., 1.) OR.

112. — CIVITATIBVS. ASIAE. RESTITVTIS. Tibère assis, à g. (Coh., 51.) GB. 2 p.

113. — Quadrige, à dr. ℟. TI. CAES. Et dans le champ. S. C. (Coh., 50.) GB.

114. — CLEMENTIAE. Bouclier. Au milieu, le buste de la Clémence. (Coh., 23.) MB.

115. — PONTIF. MAX. etc. Livie assise, à dr. (Coh., 35.) MB.

116. — PONTIF. MAX. etc. Dans le champ. S. C. (Coh., 30.) MB. 2 p.

117. — ROM. ET. AVG. Autel de Lyon. (Coh., 44.) MB.

118. — TI. CAECILIO. etc. Dans le champ. C. C. A. (Fr. en Espagne.) GB.

DRUSUS FILS DE TIBÈRE.

119. — PONTIF. TRIBVN. etc. Dans le champ. S. C. (Coh., 2.) MB.

TIBÈRE ET *** FILS DE DRUSUS.

120. — Têtes des deux enfants sur deux cornes d'abondance, au milieu un caducée. ℟. DRVSVS CAESAR. etc. Dans le champ. S. C. (Coh., pag. 131, n. 1.) GB.

NÉRON DRUSUS. (Fils adoptif d'Auguste.)

121. — DE. GERM. Arc de triomphe. (Coh., 2.) Æ.

122. — TI. CLAVDIVS. CAESAR. etc. Claude assis. (Coh., 7.)

ANTONIA.

123. — CONSTANTIAE. AVGVSTI. Cérès debout. (Coh., 2.) Æ.

124. — SACERDOS. DIVI. AVGVSTI. Deux torches. (Coh., 4.) Æ.

125. — TI. CLAVDIVS. etc. Claude debout. à g., tenant le simpulum. (Coh., 6.) MB. 2 p.

GERMANICUS.

126. — C. CAESAR. AVG. etc. Dans le champ. S. C. (Coh., 2.) MB. 2 p.

127. — SIGNIS. RECEPTIS. etc. Germanicus debout, à g. (Coh., 5.) MB.

GERMANICUS ET CALIGULA.

128. — GERMANICVS. CAES. etc. Tête nue de Germanicus. (Coh., 4.) Æ.

AGRIPPINE MÈRE.

129. — S. P. Q R. MEMORIAE. AGRIPPINAE. Carpentum. (Coh., 1.) GB.

130. — TI. CLAVDIVS. etc. Dans le champ. S. C. (Coh.,2.) Æ.

AGRIPPINE ET CALIGULA.

131. — AGRIPPINA. MAT. C. CAES. AVG. GERM. Buste d'Agrippine, à dr. (Coh., 2.) Æ.

NÉRON ET DRUSUS.

132. — NERO. ET. DRVSVS. CAESARES. Les deux princes à cheval. (Coh., 3.) MB.

CALIGULA.

133. — ADLOCVT. COH. Caligula sur une estrade, devant cinq soldats. (Coh., 10.) GB.

134. — DIVO. AVG. Temple à six colonnes, devant plusieurs figures. (Coh., 18.) GB.

135. — S. P. Q. R. OB. CIVES. SERVATOS. Dans une couronne. (Coh., 22.) GB.

136. — VESTA. Vesta assise. (Coh., 25 et 26.) MB. 2 p.

CALIGULA ET AUGUSTE.

137. — DIVVS. AVG. PATER. PATRIAE. Tête radiée d'Auguste, à dr. ℟. C. CAESAR. AVG. GERM.

138. — P. M. TR. POT. Tête nue de Caligula, à dr. (Coh., 2, variée.) Æ.

139. — Sans légende. Tête d'Auguste radiée entre deux étoiles. (Coh., 9.) OR.

CLAUDE.

140. — S. P. Q. R. P. P. OB. C. S. Dans une couronne. (Coh., 67.) OR.

141. — PACI. AVGVSTAE. Génie debout, à dr. (Coh. 54.) Æ.

142. — NERO. CLAVDIVS. DRVSVS. GERMAN. IMP. S. C. Arc de Triomphe. (Coh., 80.) GB. 2 p.

143. — SPES. AVGVSTA. L'Espérance debout, à g. (Coh., 88.) GB.

144. — CERES. AVGVSTA. Cérès assise, à g. (Coh., 72.) MB.

145. — CONSTANTIAE. AVGVSTI. Pallas casquée, debout, à g. (Coh., 73.) MB.

146. — IMP. T. VESP. AVG. REST. L'Espérance debout, à. g. (Coh., 90.) GB.

AGRIPPINE JEUNE ET CLAUDE.

147. — AGRIPPINAE AVGVSTAE. Buste d'Agrippine, à dr. ℟. TI. CLAVD. etc.

148. — Tête laurée de Claude, à dr. (Coh., 3.) OR.

149. — Même type. (Coh., 4.) Æ.

NÉRON CÉSAR.

150. — EQVESTER. ORDO. PRINCIPI. IVVENT. Sur un bouclier. (Coh., 10.) Æ.

NÉRON EMPEREUR.

151. — PACE. P. R. TERRA. MARIQVE. etc. Le Temple de Janus. (Coh., 11.) OR.

152. — IVPPITER CVSTOS. Jupiter assis, à g. (Coh., 15.) Æ.

153. — ANNONA. AVGVSTI. CERES. Cérès et l'Abondance. (Coh., 79.) GB. TB.

154. — DECURSIO. Néron à cheval suivi d'un soldat; galopant, à dr. (Coh., 123.) GB.

155. — DECVRSIO. Néron galopant, à dr.; il est précédé et suivi d'un soldat à pied. (Coh., 133.) GB.

156. — AVGVSTI. S. P. Q. R. OST. R. Le Port d'Ostie avec sept navires. (Coh., 94.) GB. B.

157. — Même pièce. Les navires autrement rangés. (Coh., 94.) GB.

158. — PACE. P. R. TERRA. etc. Le Temple de Janus fermé. (Coh., 154.) GB.

159. — ROMA. S. C. Rome casquée, assise, à g. (Coh., 222.) GB.

160. — Même type. (Coh., 223.) GB. TB.

161. — ARA. PACIS. Autel orné de bas-reliefs. Coh., 89.) MB.

162. — GENIO. AVGVSTI. Génie debout, sacrifiant, à g. (Coh., 141.) Petit MB.

163. — MAC. AVG. grand édifice. (Coh., 149.) MB.

164. — PONTIF. MAX. TR. POT. IMP. P. P. Néron, à dr., jouant de la lyre. (Coh., 205.) MB.

165. — VICTORIA. AVGVSTI. Victoire allant à gauche. (Coh., 265.) MB. TB.

166. — Même type. La Victoire, à dr. (Coh., 275.) MB.

POPPÉE ET NÉRON.

167. — ΠΟΠΠΑΙΑ. ΝΕΡΩΝΟΣ. ΣΕΒΑΣΤΟΥ. Buste de Poppée, à dr. R'. ΝΕΡΩΝ. e c. Tête de Néron. à dr. (Coh., 1.) Æ.

GALBA.

168. — VICTORIA. P. R. Victoire debout, à g. (Coh., 86.) OR.

169. — CONCORD. AVG. La Concorde assise, à g. (Coh., 117.) GB. TB.

170. — Même type. (Coh., 115.) GB.

171. — LIBERTAS. PVBLICA. La Liberté debout, à g. (Coh., 143.) GB.

172. — ROMA. Rome debout, à g. (Coh., 192.) GB.

173. — SALVS. AVGVSTI. La Santé debout, à dr. (Coh., 204.) MB.

174. — S. P. Q. R. OB. CIV. SER. Dans une Couronne. (Coh., 239.) MB.

175. — S. C. Victoire debout, à g. (Coh., 220.) MB.

176. — S. C. Aigle romaine entre deux enseignes. (Coh., 228.) MB.

177. — VESTA. Vesta assise, à g. (Coh., 243.) MB.

OTHON.

178. — PAX. ORBIS. TERRARVM. La Paix debout, à g. (Coh., 1.) OR.

179. — VICTORIA. OTHONIS. Victoire allant à droite. (Coh., 20.) Æ.

180. — S. C. Dans une Couronne de lauriers. (Fr. à Antioche; Coh., 21.) GB. B.

180 *bis*. — Même pièce. MB.

VITELLIUS.

181. — LIBERTAS. RESTITVTA. La Liberté debout, à dr. (Coh., 22.) OR.

182. — CONSENSVS. EXERCITVVM. Mars allant à gauche. (Coh., 11.) Æ.

183. — VICTORIA. AVGVSTI. Victoire allant à gauche, portant un globe. (Coh., 36.) Æ.

184. — PAX. AVGVSTI. La Paix debout, à g. (Coh., 77.) GB.

185. — Même pièce. Fruste. (Coh., 77.) GB.

186. — CONCORDIA. AVG. S. C. La Concorde assise, à g. (rare inéd.) MB.

187. — PAX. AVGVSTI. La Paix debout, à g. (Coh., 79.) MB.

VESPASIEN.

188. — ANNONA. AVG. Femme assise, à g. (Coh., 5.) OR.

189. — LIBER. IMP. AVG. VESPAS. Titus et Domitien debout; dessous, EPE. (Coh., 115.) Æ.

190. — CAES. AVG. F. DES. IMP. AVG. F. COS. DES. IT. Titus et Domitien debout. (Coh., 225.) GB.

191. — IVDAEA. CAPTA. Vespasien debout, et la Judée en pleurs près d'un palmier (Coh., 307.) GB.

192. — VICTORIA. AUGUSTI. Victoire tenant un bouclier près d'un palmier ; au pied, la Judée assise. (Coh., 489.) GB.

193. — FELICITAS. PUBLICA. Femme debout, à g. (Coh., 269.) MB.

194. — FORTUNAE. REDVCI. La Fortune debout, à g. (Coh., 288.) MB.

195. — IVDAEA. CAPTA. La Judée assise près d'un palmier. (Coh., 311.) MB.

196. — PONT. MAX. TR. POT. P. P. COS. V. CENS. Caducée entre deux cornes d'abondance. (Coh., 366.) MB.

197. — ROMA. Rome assise, à g., tenant une couronne. (Coh., 383.) MB.

198. — S. C. Aigle sur un globe. (Coh., 446.) MB.

199. — DIVO. AUG. VESP. S. P. Q. R. Vespasien dans un char d'éléphant, allant à dr. R'. IMP. T. CAES. etc. Restitution de Titus. GB.

DOMITILLE JEUNE.

200. — MEMORIAE. DOMITILAE. Char attelé de deux mules (Coh., 1.) GB.

TITUS.

201. — Sans légende. Titus dans un quadrige à dr. (Coh., 134.) OR.

202. — IVDAEA. CAPTA. Palmier derrière un juif debout devant la Judée en pleurs. (Coh., 187.) GB.

203. — PAX. AUGUST. La Paix debout, à g. (Coh., 204.) GB.

204. — Même type, la tête à g. (Coh., 205.) GB.

205. — S.-C. L'Espérance debout, à g. (Coh., 255.) GB.

206. — AETERNIT. AUG. L'Éternité debout, à dr. (Coh., 145.) MB.

207. — PAX. AUGUST. La Paix debout, à g. (Coh., 208.) MB.

208. — SALVS. AVG. Hygiée assise à g. (Coh., 230.) MB.

209. — VICTORIA. AVGVST. Victoire allant à dr. (Coh., 308.) MB.

JULIE, FILLE DE TITUS.

210. — VENUS. AVGVST. Vénus debout à dr. appuyée sur une colonne. (Coh., 7.) Æ. Fourrée.

211. — DIVAE. IVLIAE. AVG. DIVI. TITI. F. S. P. Q. R. Carpentum. (Coh., 14.) GB.

212. — VESTA. Vesta assise, à g. (Coh., 16.) MB. 2 pièces.

DOMITIEN.

213. — GERMANICVS. COS. XVI. Domitien dans un quadrige, à g. (Coh., 62.) OR.

214. — PRINCEPS. INVENTVT. L'Espérance debout à gauche. (Coh., 203.) OR.

215. — Lég. effacée. Jupiter assis, à g. (Coh., 374.) GB.

216. — COS. XIIII. LVD. SAEC. FEC. Domitien debout sacri-

fiant devant deux musiciens et le Tibre couché. (Coh., 314.) MB.

217. — Même pièce sans le Tibre. (Coh., 309.) MB.

218. — Autre avec un victimaire et une brebis. (Coh., 311.) MB.

219. — FELICITAS. PVBLICA. La Félicité debout, à g. (Coh., 319.) MB.

220. — FORTVNAE. AVGVSTI. La Fortune debout, à g. (Coh., 345.) MB.

221. — MONETA. AVGVSTI. La Monnaie debout, à gauche. (Coh., 378.) MB.

DOMITIA.

222. — PIETAS. AVGVST. Domitia assise à g., à ses pieds un enfant. (Coh., 8.) Æ. Fourrée.

NERVA.

223. — FORTVNA. AVGVST. La Fortune debout, à g. (Coh., 91.) GB.

224. — CONGIAR. P. R. Nerva sur une estrade avec une figure. (Coh., 81.) GB.

225. — CONCORDIA. EXERCITVVM. Deux mains tenant une enseigne. (Coh., 75.) MB. TB.

TRAJAN.

226. — DANNVVIVS. COS. V. etc. Le danube couché. (Coh., 85.) Æ. TB.

227. — ARMENIA. ET. MESOPOTAMIA. IN. POTESTATEM. P. R. REDACTAE. Trajan debout au milieu de l'Arménie couché près d'un fleuve. (Coh., 318.) GB.

228. — IMPERATOR. VIIII. L'Empereur et deux figures assises sur une estrade; au pied, cinq soldats. (Coh., 357.) GB. F.

229. — REX. PARTHIS. DATVS. L'Empereur sur une estrade, deux figures au pied. (Coh., 375.) GB.

230. — S. P. Q. R. OPTIMO. PRINCIPI. Temple; de chaque côté, une galerie. (Coh., 496.) GB.

231. — Même légende. Même temple, sans la galerie. (Coh., 498.) GB.

232. — Même légende. Victoire écrivant, VIC. DAC. sur un bouclier. (Coh., 441.) GB.

233. — Même légende. La Paix debout, à g. (Coh., 422.) GB.

234. — Même légende. Dace assis à g. devant un trophée. (Coh., 484.) GB. B.

235. — Même légende. L'Empereur couronné par la Victoire. (Coh., 475.) GB. 2 pièces.

236. — TR. POT. COS. II. La Justice assise, à g. (Coh., 512.) GB.

237. — AQVA. TRAIANA. S. P. Q. R. OPTIMO. PRINCIPI. Fleuve couché. (306.) MB. B.

238. — SENATVS. POPVLVS. QVE ROMANVS. Colonne Trajane. (Coh., 398.) MB.

239. — S. P. Q. R. OPTIMO. PRINCIPI. L'Abondance debout, à g. (Coh., 453.) MB. B.

240. — TR. POT. COS. III. P. P. Victoire allant à g. (Coh., 325.) MB.

241. — Même pièce. COS. IIII. (Coh., 535.) MB.

242. — TR. POT. COS. IIII. P. P. La Justice assise, à gauche. (Coh., 532.) MB.

243. — ΕΙΡΗΝΗ. ΚΑΙ. ΟΜΟΝΟΙΑ. Deux figures debout. (Frappée à Alexandrie.) GB.

PLOTINE.

244. — FIDES. AVGVST. La Foi debout à dr. (Coh., 10.) GB.

MARCIANE.

245. — CONSECRATIO. Aigle éployé sur un sceptre. (Coh., 4.) Æ.

MATIDIE.

246. — CONSECRATIO. Même type. (Coh., 1.) Æ.

HADRIEN.

247. — COS. III. P. P. L'Empereur debout, dans le champ, trois enseignes. (Coh., 208.) OR.

248. — P. M. TR. P. COS. III. La Liberté assise, à g. (Coh., 421.) Æ. TB.

249. — RESTITVTORI. GALLIAE. L'Empereur relevant la province. (Coh., 458.) Æ. TB.

250. — ADVENTVS. AUG. PONTIF. TR. POT. COS II. Rome casquée assise donnant la main à Adrien debout. (Coh., 635.) GB.

251. — AEGYPTUS. L'Égypte couchée, à g. (Coh., 635.) GB.

252. — COS. III. Rome assise, à g. (Coh., 719.) GB.

253. — COS. III. Diane debout, à dr. (Coh., 717.) GB.

254. — EXPED. AVG. P. M. TR. P. COS. III. L'Empereur à cheval, à g. (Coh., 813.) GB.

255. — FELICITATI. AVG. COS. III. P. P. Galère avec des rameurs. (Coh., 840.) GB.

256. — HILARITAS. P. R. L'allégresse debout entre deux enfants. (Coh., 922.) GB.

257. — PIETAS. AVGVSTI. La Piété debout, à dr. (Coh., 1003.) GB.

258. — P. M. TR. P. COS. III. L'Espérance marchant, à g. (Coh., 1016.) GB.

259. — P. M. TR. P. COS. III. Cérès debout, à g. (Coh., 1011.) GB.

260. — PONT. MAX. TR. POT. COS. III. Rome assise, à g. (Coh., 1032.) GB.

261. — RESTITVTOR. ORBIS. TERRARVM. L'Empereur relevant une femme. (Coh., 1083.) GB.

262. — RESTITVTORI. PHRYGIAE. Hadrien relevant la Province. (Coh., 1086.) GB.

263. — AFRICA. L'Afrique couchée, à g. (Coh., 654.) MB.

264. — COS. III. Galère à la voile FELICITATI. AVG. (Coh., 873.) MB.

265. — FELICITATI. AVG. COS. III. Galère avec des rameurs. (Coh., 837.) MB. TB.

266. — COS. III. Pallas, debout à dr. (Coh., 718.) MB.

267. — IVSTITIA. AVG. COS. III. P. P. La Justice assise, à g. (Magnifique pièce très-belle patine. Coh., 913.) MB.

268. — PONT. MAX. TR. POT. COS. II. Aigle entre deux enseignes militaires. (Coh., 1027.) MB.

269. — SALVS. PVBLICA. Femme debout, à g. (Coh., 1109.) MB.

270. — L. III. (an 18.) Les Dioscures debout. (Frappée à Alexandrie.) GB.

SABINE.

271. — CONCORDIA. AVG. La Concorde debout, à g. (Coh., 10.) Æ.

272. — S. C. Cérès assise, à g. (Coh., 76.) GB.

273. — CONCORDIA. AVG. La Concorde assise, à g. (Coh., 48.) MB.

274. — PIETAS. La Piété assise, à g. (Coh., 63.) MB.

275. — S. C. Vesta assise, à g. (Coh., 77.) MB.

AELIUS CÉSAR.

276. — TR. POT. COS. II. La Félicité debout, à g. (Coh., 19.) Æ.

277. — CONCORD. TR. P. COS II. La Concorde assise, à g. (Coh., 29.) GB.

278. — TR. POT. COS. III. L'Espérance debout, à g. (Coh., 57.) GB.

279. — PANNONIA. TR. POT. COS. II. La Pannonie debout, à g. (Coh., 38.) MB.

280. — Variété de la même pièce. (Coh., 36.) MB.

ANTINOUS.

281. — NIKOMHΔEIA. H. MHTPOΠOΛIC. Taureau debout, à dr. MB. B.

282. — L. I. Θ. (an 19.) Antinoüs à cheval, à dr. (Frappée à Alexandrie.) MB. TB.

ANTONIN LE PIEUX.

283. — CONCORD. TRIB. POT. COS. (Coh., 41.) OR.

284. — CONSECRATIO. Bucher. (Coh., 517.) GB.

285. — FELICITAS. AVG. La Félicité debout, à g. (Coh., 583.) GB.

286. — PROVIDENTIA.... Foudre ailé. (Coh., 755.) GB.

287. — TR. POT. XV. COS. IIII. Antonin assis, à g. une victoire le couronne. (Coh., 913.) GB.

288. — S. C. L'Espérance marchant à g. (Coh., 805.) GB.

289. — VENERI. FELICI. Temple à 10 colonnes. (Coh., 962.) GB. TB.

290. — ANNONA. AVG. COS. IIII. Cérès debout, à dr. (TR. P. XVI. du côté de la tête laurée). (Coh., 478.) MB.

291. — COS. III. Antonin au milieu d'un temple à quatre colonnes. (Coh., 570.) MB.

292. — FELICITAS. AVG. La Félicité debout, à droite se retournant. (Coh., 586.) MB.

293. — P. M. TR. POT. COS. II. La Fortune debout, à g. (Coh., 744.) MB.

294. — TR. POT. COS. III. Mars apparaissant à Rhéa endormie (Coh., 878.) MB.

295. — ANNONA. AVG. TR. POT. XIIII. COS. IIII. Cérès assise, à g. (Coh., 482.) MB.

ANTONIN ET MARC-AURÈLE CÉSAR.

296. — AVRELIVS. CESAR. AVG. PII. F. COS. Buste de Marc-Aurèle jeune, à dr. (Coh., 6.) Æ.

297. — AVRELIVS. CAES. AVG. PII. F. COS. DES. S. C. Même buste, à g. (Coh., 19.) GB. TB.

FAUSTINE MÈRE.

298. — EX. SENATVS. CONSVLTO. Faustine dans un char d'éléphants. (Coh., 84.) OR.

299. — PVELLAE. FAVSTINIANAE. Antonin sur une estrade recevant une petite fille que lui présente un homme debout. (Coh., 108.) Æ.

300. — AETERNITAS. Faustine debout, à g. (Coh., 141.) GB. 2 pièces.

301. — AVGVSTA. Cérès debout, à g. (Coh., 182.) GB.

302. — AETERNITAS. L'Éternité debout, à g., tenant un sceptre. (Coh., 158.) MB.

303. — AVGVSTA. Cérès assise, à g. (Coh., 193.) MB.

MARC-AURÈLE CÉSAR.

304. — PIETAS. AVG. Vases pontificaux. (Coh., 151.) Æ.

305. — Même type. (Coh., 587.) GB.

306. — TR. POT. VII. COS. II. Pallas casquée assise, à droite. (Coh., 665.) GB.

307. — HILARITAS. L'Allégresse debout, à dr. (Coh., 500.) MB.

208. — TR. POT. COS. II. Mars debout, à dr. (Coh., 647.) MB.

309. — TR. POT. III. COS. II. Pallas debout, à dr. (Coh., 653.) MB.

MARC-AURÈLE EMPEREUR.

310. — TR. P. XXII. IMP. V. COS. III. L'Équité assise, à g. (Coh., 297.) OR.

311. — PROV. DEOR. TR. P. XVI. COS. III. La Providence debout, à g. (Coh., 181.) Æ. TB.

312. — CONCORD. AVGVSTOR. TR. P. XVI. COS. III. Marc-Aurèle et Vérus debout. (Coh., 418.) GB. TB.

313. — CONSECRATIO. Aigle enlevant l'Empereur au ciel. (Coh., 437.) GB.

314. — TR. P. XVIII. IMP. II. COS. III. Pallas debout, à g. (Coh., 748.) GB.

315. — Même légende. Mars debout, à dr. (Coh., 753.) GB.

316. — RESTITVTORI. ITALIAE. IMP. VI. COS. III. Marc-Aurèle relevant la province. (Coh., 616.) GB.

317. — CONCORD. etc. TR. P. XVI. Type du n° 312 (Coh., 422.) MB.

318. — VOTA. PVBLICA. IMP. VIIII. COS. III. P. P. Marc-Aurèle sacrifiant. (Coh., 813. MB.

FAUSTINE JEUNE.

319. — MATRI. MAGNAE. Cybèle assise entre deux lions. (Coh., 62.) OR.

320. — IVNONI. LVCINAE. Junon debout; à ses pieds, deux enfants. (Coh., 181.) GB.

321. — FECVNDITAS. La Fécondité debout, à droite. (Coh., 164.) GB.

322. — PVDICITIA. La Pudeur debout, à g. (Coh., 203.) MB.

323. — PVDICITIA. La Pudeur assise, à g. (Coh., 201.) MB.

324. — SAECVLI. FELICIT. Les deux enfants de Marc-Aurèle sur un lit. (Coh., 205.) MB.

325. — VENERI. VICTRICI. Mars et Vénus debout. (Coh., 226.) MB.

LUCIUS VÉRUS.

326. — CONCORDIA. AVGVSTOR. TR. P. COS. II. Aurèle et Vérus debout. (Coh., 9.) OR.

327. — PROV. DEOR. TR. P. III. COS. II. La Providence debout, à g. (Coh., 33.) Æ.

328. — CONCOR. etc. Type du n° 312 (Coh., 115.) GB.

329. — FORT. RED. TR. POT. III. COS. II. La Fortune assise, à g. (Coh., 144.) GB.

330. — VICT. AVG. TR. P. VIIII. IMP. II. COS. II. Victoire à dr.; à ses pieds, un Parthe. (Coh., 238.) GB.

331. — TR. P. IIII. IMP. II. COS. II. Mars debout, à dr. (Coh., 213, mais MB.).

332. — TR. POT. VII. IMP. IIII. COS. III. Victoire debout, à g., (Coh., 199.) MB.

LUCILLE.

333. — VENVS. Vénus debout, à g. (Coh., 83.) GB.

334. — VENVS. Vénus assise, à g. (Rare, inéd.) GB.

335. — VENVS. Vénus debout, à g. (Coh., 84.) MB.

336. — HILARITAS. L'Allégresse debout à g. (Coh., 58.) MB.

COMMODE CÉSAR.

337. — PIETAS. AVG. Vases pontificaux. (Coh., 636.) MB.

COMMODE EMPEREUR.

338. — P. M. TR. P. VIIII. IMP. VI. COS. IIII. P. P. Pallas allant à droite. (Coh., 135.) Æ. TB.

339. — PIETATI SENATVS. COS. V. P. P. Deux figures debout, se donnant la main. (639.) GB.

340. — P. M. TR. P. XVII. IMP. VIII. COS. VII. P. P. Rome et la Concorde debout. (Coh., 684.) GB.

341. — VICT. BRIT. TR. P. X. IMP. VII. COS. IIII. P. P. Victoire assise, à dr. (Coh., 837 rare.) GB.

342. — VOTA. SVSCEP. DECEN. P. M. TR. P. X. IMP. VII. COS. IIII. P. P. Commode debout sacrifiant, à g. (Coh., 863.) GB.

343. — LIBERTAS. AVG. IMP. II. COS. P. P. La Liberté debout, à g. (Coh., 600.) MB.

344. — P. M. TR. P. XV. IMP. VIII. COS. VI. Commode dans un quadrige, à g. (Coh., 680.) MB.

345. — P. M. TR. P. VIIII. IMP. VI. COS IIII. Hercule debout, à g., se retournant à dr. ℞. Même type. Ces deux revers variés de coin. (Coh., 643 rare.) MB.

CRISPINE.

346. — LAETITIA. Femme debout, à g., la gauche sur un gouvernail. (Coh., 35.) GB.

347. — VENVS. FELIX. Vénus assise, à g. (Coh., 43.) GB.

348. — HILARITAS. L'Allégresse debout, à g. (Coh., 30.) MB.

349. — LAETITIA. Femme debout, le gauche sur un gouvernail. (Coh., 36.) MB.

PERTINAX.

350. — IANO. CONSERVAT. Janus debout, à g. (Coh., 7.) Æ.

351. — OPI. DIVIN. TR. P. COS. II. Cérès assise, à g. (Coh., 14.) Æ.

352. — Même type. (Coh., 39.) GB. TB.

353. — VOT. DECEN. TR. P. COS. II. L'Empereur sacrifiant, à g. (Coh., 49.) MB.

354. — Légende éffacée. La Libéralité debout, à g. (Coh., 37.) MB.

DIDE JULIEN.

355. — CONCORD. MILIT. Femme debout, à g., tenant deux enseignes. (Coh., 2.) Æ.

356. — P. M. TR. COS. La Fortune debout, à g. (Coh., 12.) GB.

357. — Même type. (Coh., 13.) MB.

MANLIA SCANTILLA.

358. — IVNO. REGINA. Junon debout, à g. (Coh., 2.) Æ.

359. — Même type. (Coh., 5.) GB.

DIDIA CLARA.

360. — HILAR. TEMPOR. L'Allégresse debout, à g. (Coh., 2.) Æ.

361. — Même type. L'Allégresse debout, à g. (Coh., 3.) GB.

PESCENNIUS NIGER.

362. — BONAE. SPEI. L'Espérance allant à g. (Coh., 4.) Æ.

ALBIN CÉSAR.

363. — MINER. PACIF. COS. II. Minerve debout, à g. (Coh., 36.) Æ.

364. — ROMAE. AETERNAE. Rome assise, à g. (Coh., 34.) Æ.

365. — MINER. PACIF. COS. II. Minerve debout, à g. (Coh., 64.) GB. 2 pièces.

366. — FELICITAS. COS. II. La Félicité debout, à g. (Coh., 60, mais MB.).

ALBIN EMPEREUR.

367. — CLEMENTIA. AVG. COS. II. La Clémence debout, à g. (Coh., 5.) Æ.

SEPTIME SÉVÈRE.

368. — INDULGENTIA. AVG. IN. CARTH. Cybèle sur un lion, à dr. (Coh., 131.) Æ.

369. — ANNONA. AVG. COS. II. P. P. L'Abondance debout, à g. (Coh., 483.) GB.

370. — P. M. TR. P. XVIII. COS. III. P. P. Deux Victoires soutenant un bouclier. (Très-belle pièce. Coh., 4.) GB.

371. — P. M. TR. P. XIII. COS. IIII. P. P. Rome assise, à dr., à ses pieds un barbare. MB.

372. — P. M. TR. P. XVII. COS. III. P. P. Victoire assise, à dr.; devant, un trophée. MB.

SEPTIME SÉVÈRE, JULIA DOMNA ET CARACALLA.

373. — CONCORDIAE. AETERNAE. Buste de Sévère et Julie. ℞. ANTONINVS. PIVS. AVG.

374. — Buste de Caracalla jeune, à dr. (Coh., 4. Page 450.) Æ.

JULIA DOMNA.

375. — MAT. AVGG. MAT. SEN. M. PATR. Julie assise, à g. (Coh., 168.) GB.

376. — MATER. DEVM. Cybèle assise, entre deux lions. (Coh., 174.) GB.

377. — VENVS. GENETRIX. Vénus assise, à g. (Coh., 198.) MB.

378. — VESTA. Quatre Vestales sacrifiant. (Coh., 205.) MB.

JULIA DOMNA ET GÈTA.

379. — IVLIA. AVGVSTA. Buste de Julie. ℞. P. SEPT. GETA. CAES. PONT. Buste de Gèta, à dr. (Coh., 1.) Æ.

CARACALLA EMPEREUR.

380. — P. M. TR. P. XVIII. COS. IIII. P. P. Apollon debout, à g. (Coh., 174.) Æ.

381. — P. M. TR. P. XVI. COS. IIII. P. P. Hercule debout, à g. (Coh., 145.) Æ.

382. — FORT. RED. P. M. TR. P. XIIII. COS. III. P. P. La Fortune assise, à dr. (Coh., 403.) GB.

383. — SECVRITATI. PERPETVAE. La Sécurité assise, à dr. (Coh., 555.) GB.

384. — P. M. TR. P. XVI. COS. IIII. P. P. La Liberté debout, à g. (Coh., 433.) GB.

385. — P. M. TR. P. XX. COS. IIII. P. P. Diane dans un bige de taureaux. (Coh., 488.) MB.

386. — P. M. TR. P. XV. COS. III. P. P. Éléphant, à dr. (Coh., 429.) MB.

387. — P. M. TR. P. XX. COS. IIII. P. P. Livie radiée, à g. (Coh., 492.) MB.

PLAUTILLE.

388. — CONCORDIA. AVGG. La Concorde debout, à g. (Coh., 1.) Æ.

389. — CONCORDIAE. AETERNAE. Caracalla et Plautille debout. (Coh., 8.) Æ.

GÉTA CÉSAR.

390. — PRINCIPI. IVVENTVTIS. Géta debout, à g.; derrière lui, un trophée. (Coh., 77.) Æ.

391. — PRINC. IVVENT. Septime-Sévère et ses deux fils galopant, à dr. (Coh., 173.) MB.

GÉTA EMPEREUR.

392. — CONCORDIA. AVGVSTORVM. Caracalla et Géta debout. (Coh., 126.) GB.

393. — CONCORDIA. AVGG. Caracalla et Géta debout; derrière eux, Apollon et Hercule debout. (Coh., 128.) GB.

394. — VICT. BRIT. TR. P. III. COS. II. Victoire assise, à dr. (Coh., 184.) GB.

395. — PONTIF. TR. P. II. COS. II. Caracalla et Géta debout se donnant la main; au milieu d'eux, un joueur de flûte et un autel. (Coh., 166.) GB.

MACRIN.

396. — IOVI. CONSERVATORI. Jupiter debout, à g. (Coh., 18.) Æ.

397. — Même type. (Retouchée. Coh., 83.) GB.

398. — P. M. TR. P. II. COS. P. P. Macrin assis, à g. (Coh., 89.) GB.

399. — PONTIF. MAX. TR. P. P. P. La Félicité debout, à g. (Coh., 101.) GB.

400. — ANNONA. AVG. L'Abondance assise, à g. (Coh., 72.) MB.

401. — PONTIF. MAX. TR. P. II. COS. II. P. P. Macrin dans un quadrige. à g. (Coh., 112.) MB.

402. — Même légende. La Sécurité debout, à g. (Coh., 107.) MB.

DIADUMÉNIEN.

403. — SPES. PVBLICA. L'Espérance debout, à g. (Coh., 12.) Æ.

404. — PRINC. IVVENTVTIS. Le César debout entre trois enseignes. (Coh., 14.) GB.

405. — SPES. PVBLICA. L'Espérance marchant, à g. (Coh., 19.) MB.

ELAGABALE.

406. — P. M. TR. P. COS. P. P. Rome assise, à g. (Coh., 183.) GB.

407. — FIDES EXERCITUS. Femme assise, à g.; entre deux enseignes. (Coh., 163.) MB.

JULIA PAULA.

408. — CONCORDIA. La Concorde assise, à g. (Coh., 2.) Æ.

409. — Même type. (Coh., 13.) GB.

410. — CONCORDIA AETERNA. Elagabale et Plautille debout; au milieu d'eux la Concorde.

AQUILIA SEVERA.

411. — CONCORDIA. La Concorde debout, à g. (Coh., 1.) Æ.

412. — Même type. (Coh., 6.) MB.

413. — Variété de la même pièce. (Coh., 7.) MB.

JULIA SOAEMIAS.

414. — VENVS. CAELESTIS. Vénus assise, à g. (Coh., 8.) Æ.

415. — Même type. (Coh., 17.) GB.

JULIA MAESA.

416. — PIETAS. AVG. La Piété debout, à g. (Coh., 29.) GB.

417. — PUDICITIA. La Pudeur assise, à g. (Coh., 35.) GB.

418. — PIETAS. AVG. La Piété debout, à g. (Coh., 31.) MB. TB.

SÉVÈRE ALEXANDRE.

419. — IOVI. CONSERVATORI. Jupiter debout, à g. (Coh., 259.) GB.

420. — P. M. TR. P. VII. COS. III. P. P. L'Empereur dans un quadrige, à g. (Coh., 368.) GB.

421. — SPES. PVBLICA. L'Empereur debout, à g. (Coh., 440.) GB.

422. — P. M. TR. P. X. COS. III. P. P. Le Soleil debout, à g. (Coh., 381.) MB.

423. — PROVIDENTIA. AVG. La Providence debout. (Coh., 417.) MB.

424. — RESTITUTOR. MON. L'Empereur debout, à g. (Coh., 433.) MB.

ORBIANA.

425. — CONCORDIA. AVGG. La Concorde assise, à g. (Coh., 1.) Æ.

426. — CONCORDIA. AVGVSTORVM. Mête type. (Coh., 10.) GB.

427. — Même légende. L'Empereur et l'Impératrice debout. (Coh., 12.) GB.

428. — Même légende. La Concorde assise, à g. (Coh., 11.) MB.

MAMÉE.

429. — IVNO. CONSERVATRIX. Junon debout, à g. (Coh., 11.) Æ.

430. — FELICITAS PUBLICA. La Félicité debout, à g. (Coh., 41.) GB. 2 p.

431. — VESTA. Vesta bebout, à g. (Coh., 72.) MB.

MAXIMIN Ier.

432. — PAX. AVGVSTI. La Paix debout, à g. (Coh., 14.) Æ.

433. — Même type. (Coh., 60.) GB.

434. — Même type. (Coh., 62.) MB.

PAULINE.

435. — CONSECRATIO. Paon enlevant l'Impératrice au ciel. (Coh., 2.) Æ.

436. — Mête type. (Coh., 4.) GB.

437. — Même pièce retouchée. (Coh., 4.) GB.

MAXIME CÉSAR.

438. — PRINC. IVVENTVTIS. Le Prince debout, à g.; derrière lui, deux enseignes militaires. (Coh., 4.) Æ.

439. PRINCIPI. IVVENTVTIS. Même type. (Coh., 13.) GB. 2 p.

440. — PIETAS. AVG. Vases pontificaux. (Coh., 9.) MB.

GORDIEN D'AFRIQUE PÈRE.

441. — SECVRITAS. AVGG. Femme assise, à g. (Coh., 7.) Æ. TB.

442. — PROVIDENTIA. AVGG. La Providence debout, à g. (Coh., 10.) GB.

443. — VICTORIA. AVGG. Victoire allant à g. (Coh., 13.) GB. Retouché.

GORDIEN D'AFRIQUE FILS.

444. — PROVIDENTIA. AVGG. La Providence debout, à g. (Coh., 2.) Æ. TB.

445. — ROMAE. AETERNAE. Rome assise, à g. (Coh., 8.) GB. TB.

BALBIN.

446. — PROVIDENTIA. DEORVM. La Providence debout, à g. (Coh., 12.) Æ.

447. — Même type. (Coh., 27.) GB.

448. — CONCORDIA. AVGG. La Concorde assise, à g. (Coh., 16.) GB.

PUPIEN.

449. — PAX. PVBLICA. La paix assise, à g. (Coh., 14.) Æ.

450. — LIBERALITAS. AVGVSTORVM. Balbin, Pupien et Gordien sur une estrade. (Coh., 431.) GB.

451. — PAX. PVBLICA. La Paix assise, à g. (Coh., 32.) GB.

452. — VICTORIA. AVGG. Victoire debout, à g. (Coh., 42.) MB.

GORDIEN III CÉSAR.

453. — PIETAS. AVGG. Vases pontificaux. (Coh., 73.) Æ.

454. — Même type. (Coh., 271.) GB.

GORDIEN III EMPEREUR

455. — CONCORDIA. AVGG. La Concorde assise, à g. (Coh., 222.) GB.

456. — IOVI. STATORI. Jupiter debout, à g., se retournant à dr. (Coh., 240.) GB.

457. — IOVI. CONSERVATORI. Jupiter debout, à g.; devant lui, une petite figure également debout. (Coh., 236.) GB.

458. — P. M. S. COL. VIM. AN. III. La Province debout entre un lion et un taureau. GB. (Viminacium.)

TRANQUILLINE.

459. — EIII. APIΣTO. NEIK. ΓEPMII. Bacchus debout, à g. (Fr. à Germe de Mysie.) GB.

460. — CMYPNAIΩN. NEOKOPΩN. Hercule debout, à g. (à Smyrne d'Ionie.) MB.

PHILIPPE PÈRE.

461. — ANNONA. AVGG. L'Abondance debout, à g. (Coh., 131.) GB.

462. — SAECVLARES AVGG. Antilope, à g. (Coh., 192.) GB.

463. — VICTORIA. AVG. Victoire allant, à dr. (Coh., 208.) GB.

464. — VOTIS. DECENNALIBVS. Dans une Couronne. (Coh., 213.) GB.

OTACILIE.

465. — CONCORDIA. AVGG. La Concorde assise, à g. (Coh.. 40.) GB.

466. — SAECVARES. AVGG. Cippe. (Coh., 67.) MB.

PHILIPPE FILS CÉSAR.

467. — PRINCIPI. IVVENTVTIS. Le Prince debout, allant à dr. (Coh., 68.) GB.

PHILIPPE FILS EMPEREUR.

468. — SAECVLARES. AVG. Cippe avec cos. II. (Coh., 75.) MB.

TRAJAN DÈCE.

469. — FELICITAS. SAECVLI. La Félicité debout, à g. (Coh., 57.) BR. Médaillon deux pièces.

470. — GENIVS. EXERC. ILLYRICIANI. Génie debout, à g. (Coh., 79.) GB.

471. — PAX. AVGVSTI. La Paix debout, à g. (Coh., 99.) GB.

472. — LIBERALITAS. AVG. La Libéralité debout, à g. (Coh., 93.) MB.

ETRUSCILLE.

473. — PVDICITIA. AVG. La Pudeur assise, à g. (Coh., 24.) GB.

ETRUSCUS CÉSAR.

474. — CONCORDIA AVGG. Deux mains jointes. (Coh., 3.) Æ.

475. — PRINCIPI. IVVENTVTIS. Le Prince debout, à g. (Coh., 15.) Æ.

476. — PIETAS. AVGG. Mercure debout, à g. (Coh., 18.) GB.

477. — Même type. (Coh., 29.) MB.

478. — PRINCIPI. IVVENTVTIS. Le Prince debout, à gauche. (Coh., 33.) GB.

HOSTILIEN CÉSAR.

479. — MARTI. PROPVGNATORI. Mars assis, allant à dr. (Coh., 11.) Æ.

480. — PRINCIPI. IVVENTVTIS. Le Prince debout, à g., tenant une enseigne. (Coh., 47.) GB.

481. — Même légende, Apollon assis à g. (Coh., 47.) GB.

482. — Même type. (Coh., 48.) MB.

TRÉBONIEN GALLE.

483. — LIBERALITAS. AVGG. La Libéralité debout, à g. (Coh., 97.) GB.

484. — VOTIS. DECENNALIBVS. En trois lignes dans une couronne. (Coh., 122.) GB.

VOLUSIEN.

485. — PAX. AVGG. La Paix debout, à g. (Coh., 104.) GB.

EMILIEN.

486. — HERCVL. VICTOR. Hercule debout, à dr. (Coh., 7.) Æ.

487. — IOVI. CONSERVAT. Jupiter debout, à g. (Coh., 36.) GB.

VALÉRIEN PÈRE.

488. — APOLLINI. CONSERVA. Apollon debout, à g. (Coh., 181.) MB.

MARINIANA.

489. — CONSECRATIO. Paon enlevant l'Impératrice. (Coh., 3.) Æ.

490. — CONSECRATIO. Paon la queue éployée. (Coh., 14.) GB.

GALLIEN.

491. — VOTIS. DECENNALIBVS. Dans une couronne. (Coh., 859.) GB.

SALONINE.

492. — PVDICITIA. La Pudeur debout, à g. (Coh., 116.) GB.

493. — VESTA. Vesta assise, à g. (Coh., 123. Mais MB.) MB.

SALONIN CÉSAR.

494. — PIETAS. AVGG. Vases pontificaux, avec SAL. VALERIANVS. NOB. CAES. du côté du buste avec paludamentum. MB.

POSTUME.

495. — Légende éffacée. Galère avec des rameurs. (Coh., 245.) GB.

VICTORIN.

496. — SALVS. AVG. Higiée debout à dr. (Coh., 65.) PB.

LAELIEN.

497. — VICTORIA. AVG. Victoire allant à droite. (Coh., 3.) PB.

MARIUS.

498. — VICTORIA. AVG. Victoire allant à gauche. (Coh. 18.) PB.

MACRIEN.

499. — SOLO. INVICTO. Le Soleil debout, à g. (Coh., 30.) BIL.

QUIÉTUS.

500. — SPES. PVBLICA. L'Espérance debout, à g. (Coh., 11.) BIL.

TETRICUS PÈRE.

501. — VICTORIA. AVG. Victoire allant à g. (Coh., 116.) PB.

TETRICUS FILS.

502. — PAX. AVG. La Paix debout, à g. (Coh., 22.) PB.

AURÉLIEN.

503. — CONCORDIA. AVG. L'Empereur et l'Impératrice debout. (Coh., 42.) MB.

AURÉLIEN ET SÉVERINE.

504. — SEVERINA. AVG. Buste de Séverine sur un croissant. (Coh., 1.) GB.

SÉVERINE.

505. — IVNO. REGINA. Junon debout, à g. (Coh., 7.) MB.

PROBUS.

506. — MONETA. AVG. Les trois Monnaies debout. (Variété inédite.) Médaillon.

CARUS, NUMERIEN, CARINUS ET MAGNIA URBICA.

507. — Quatre petits bronzes.

DIOCLÉTIEN.

508. — PROVIDENTIA. AVGG. Quatre figures devant la Castre. (Coh., 75.) Æ.

MAXIMIEN HERCULE.

509. — VIRTVS. MILITVM. Quatre figures devant la Castre. (Coh., 97.) Æ.

CARAUSIUS.

510. — PAX. AVGG. La Paix debout, à g. (Coh., 167.) PB.

ALLECTUS.

511. — VIRTVS. AVGG. Galère. (Coh., 64.) PB.

CONSTANCE CHLORE.

512. — Même type. (Coh., 56.) Æ.

HÉLÈNE.

513. — SECVRITAS. REIPVBLICAE. Femme debout, à g. (Coh., 7.) PB.

GALÈRE MAXIMIEN.

514. — VIRTVS. MILITVM. Quatre figures devant la Castre. (Coh., 28.) Æ.

GALERIA VALERIA.

515. — VENERI. VICTRICI. Vénus debout, à g. (Coh., 5) MB.

SÉVÈRE II.

516. — CONCORDIA. MILITVM. Deux figures debout. (Coh., 18.) PB.

MAXIMIN II DAZA.

517. — SOLI. INVICTO. COMITI. Le Soleil dans un quadrige. (Coh., 21.) BIL.

MAXENCE.

518. — VICTORIA. AETERNA. AVG. Victoire tenant un bouclier. (Coh., 98.) PB.

ROMULUS.

519. — AETERNAE. MEMORIAE. Temple rond. (Coh., 8.) PB.

LICINIUS (PÈRE ET FILS), CONSTANTIN I, FAUSTA, DELMATIUS, CRISPUS ET CONSTANTIN II.

520. — Sept pièces petits bronzes.

CONSTANT I.

521. — GAVDIVM. ROMANORVM. Deux captifs au pied d'un étendard. (Coh., 11.) AR.

CONSTANTIN II.

522. — VIRTVS. EXERCITVS. Soldat debout. (Coh., 52.) AR.

523. — Lot de 40 médailles padouanes, etc.

524. — Lot de pièces fausses, or, argent et bronze.

525. — Sous ce numéro seront vendues des pièces grecques romaines, argent et bronze.

MÉDAILLES FRANÇAISES

526. **Louis XII.** FELICE. LVDOVICO. REGNANTE. DVODECIMO. CESARE. ALTERO. GAVDET. OMNIS. NACIO. Buste du roi à dr. avec un bonnet et le diadème; le champ est parsemé de lys; à l'exergue, un lion. ℟. LVGDV. REPVBLICA. GAVDETE. BIS. ANNA. REGNANTE. BENIGNE. SIC. FVI. CONFLATA. Buste d'Anne de Bretagne à g., avec un voile et une couronne, le champ parsemé de lys d'un côté et d'hermines de l'autre; à l'exergue, un lion. Diam., 11 cent.

527. **Henri II.** HENRICVS. II. GALLIARVM. REX. INVICTISS. P. P. Buste à g., d'Henri II, coiffé d'une tocque, avec une cuirasse damasquinée ; à l'exergue, 1555. ℟. Dans le champ en caractères gravés en creux : OPVS. GAILLARDVS. OEBART. Diam., 8 cent.

528. **Henri II.** HENRICVS. II. GALLIARVM. REX. INVICTISS. P. P. Buste lauré et cuirassé, à dr. ℟. OB. RES. IN. ITAL. GERM. ET. GAL. FORTITER. AC. FOELIC. GESTAS. L'Abondance et la Victoire dans un quadrige conduit par la Renommée; à l'exergue EX. VOTO. PVB. 1552. Diam., 5 cent. 1/2.

529. — **Henri II.** La même en bronze doré.

530. **Henri II.** HENRICVS. II. GALLIARVM. REX. INVICTISS. P. P. Buste lauré et cuirassé, à dr. ℟. On lit dans une couronne de laurier: RESTITVTA. REP. SENENSI. LIBERTATIS. OBSID. MEDIOMAT. PARMA. MIRAND. SANDAMI. ET. RECEPTO. HEDINIO. ORBIS. CONSENSV. 1552. En neuf lignes. Diam., 5 cent. 1/2.

531. **Catherine de Médicis.** KATARINA. DE. MEDICIS. REGINA. FRANCORVM. Buste richement habillé de la reine. ℟. lisse. Diam., 5 cent. 1/2.

532. **Charles IX.** CAROLVS. IX. DEI. G. FRANCORVM. REX. CHRIS. Buste lauré et cuirassé. ℟. L'Abondance et la Victoire dans un quadrige conduit par la Renommée; à l'exergue, EX. VOTO. PVB. 1568. Diam., 4 cent. 1/2.

533. **Henri III.** HENRICVS PIVS. D. G. FRANCORVM. ET. POL. REX. Buste lauré et cuirassé, à dr.; à l'exergue 1583, R'. CVNCTIS. HAEC. MVLTIS. HAEC. Le champ séparé en deux parties; dans la première partie deux mains sortant des nuages et portant l'une, une corne d'abondance et l'autre une bourse; dans la seconde partie deux mains sortant des nuages au-dessus d'une ville. Diam., 6 cent.

534. **Charles X.** Cardinal de Bourbon. CAROLVS. X. D. G. FRANCORVM. REX. Buste couronné, à g., R'. OMNIA. IN. MANV. DOMINI. Charles X à genoux devant un autel assisté de trois personnages, une main sortant des nuages lui apporte une couronne. Diam., 6 cent. 1/2.

535. **Henri IV.** HENRI. IV. ROI. DE. FR. ET. DE. NAV. LE. BIEN. BON. AMI. DES. ROCHELLOIS. Buste avec la collerette, à g., d'Henri IV, tête nue. R'. Lisse. Diam., 6 cent.

536. **Henri IV.** HENRICVS. IIII. D. G. FRANC. ET. NAVAR. REX. 1604. Buste lauré, à dr. R'. MAJESTAS. MAJOR. AB. IGNE. Henri IV et sa femme assis se donnant la main, au-dessus d'un autel avec du feu, le soleil éclaire la scène; la reine tient une corne d'abondance, et le roi le sceptre. Diam., 6 cent.

537. **Henri IV.** ALCIDES. HIC. NOVVS. ORBI. Buste, à dr. d'Henri IV coiffé de la peau du lion; sous le buste 1602. R'. OPPORTVNIVS. Hercule tuant le centaure avec sa massue; de l'autre main il tient la couronne. Diam., 5 cent.

538. **Henri IV.** HENRICVS. IV. FRAN. ET. NAVAR. REX. CHRIST. Buste lauré, à dr.; dessus 1590. R'. VICTORIA YVRIACA. Trophée d'armes. Diam., 4 cent.

539. **Henri. IV.** HENRICVS. IIII. D. G. FRAN. ET. NAVAR. REX. 1602. Buste du roi, à dr. R'. FOEDERA. MAG. REGIS. SACRA. Une couronne posée sur deux colonnes entrelacées de lauriers et de palmiers. Ces deux colonnes reposent sur une base, sur laquelle on lit : EX. ARGENTO. FRANGIGENA. AN. FOED. ET. RENO. EFFOSSO. En quatre lignes. Diam., 4 cent. 1/2.

540. **Henri IV et Marie de Médicis.** HENRI. IIII. R. CHRIS. MARIA. AVGVSTA. Leurs bustes accolés; dessous, GVI. DVPRE. F. 1605. Sans revers. Diam., 19 cent.

541. **Henri IV et Marie de Médicis.** HENRICVS. IIII. D. G. FRANCOROM. ET. NAVAR. REX. Buste de face d'Henri IV avec cuirasse damasquinée et manteau royal. ℞. MARIA. AVGVSTA. GALLIAE. ET. NAVARAE. REGINA. Buste, à dr., avec une grande collerette; dessous, G. DVPRE. F. 1524. Diam., 10 cent.

542. **Henri IV et Marie de Médicis.** HENR. IIII. R. CHRIST. MARIA. AVGVSTA. Leurs deux bustes accolés; dessous, G. DVPRE. F. 1603. ℞. PROPAGO. IMPERI. 1603. Henri IV et sa femme debout se donnant la main; au-dessus, un aigle apportant une couronne; au milieu, le dauphin se coiffant du casque d'Henri IV. Diam., 7 cent.

543. — La même médaille.

544. **Marie de Médicis.** MARIA. AVG. GALLIAE. ET. NAVARAE. REGINA. Son buste à dr. ℞. SERVANDO. DEA. FACTA. DEOS. Un vaisseau à la voile, une reine assise à la barre, commande à des nymphes. Diam., 6 cent.

545. **Marie de Médicis.** MARIA. MEDICEA. FRAN. ET. NAVARR. R. REGENS. Son buste à dr. ℞. CVNCTORVM. VOTIS. CLERIQ. EQVITVMQ. PATRVMQVE. La France couchée tenant son écusson; à son côté un évêque, un jésuite et un chevalier; à l'exergue GALLIA. STABILITA. 1614. Diam., 4 cent.

546. **Louis XIII.** LVDOVIC. XIII. D. G. FRANCOR. ET. NAVARAE. REX. Buste, à dr.; dessous, G. DVPRE. ℞. VT. GENTES. TOLLAT. QVE. PREMAT. QVE. 1623. La justice assise, tenant un glaive et une balance. Diam., 6 cent.

547. **Louis XIII.** LVDOVICVS. XIII. D. G. FRANCORVM. ET. NAVARAE. REX. Buste à dr.; dessous, OB. AQVAS. DEDVCTAS. 1624. R'. ABSQVE. TVIS. STARET. INANIS. AQVIS. Un vaisseau à la voile. Diam., 6 cent.

548. **Louis XIII.** PRO. SCEPTRIS. ARAS. DAT. TELLVS. ET. DEVS. ASTRA. Buste couronné et nimbé du roi ; il tient un

sceptre. ℟. LVDOVICVS. XIII. D. G. FRANCOR. ET. NAV. REX. FVNDAVIT. AN. MCXXVIII. Le Val-de-Grâce. Diam., 6 cent.

549. **Louis XIII et Anne**. LVDOVIC. XIII. D. G. FRANCOR. ET. NAVARAE. REX. Buste du roi, à dr. ℟. ANNA. AVGVS. GALLIAE. ET. NAVARAE. REGINA. Buste de la reine, à droite; dessous, G. DVPRE. F. 1620. Diam., 6 cent.

550. **Louis XIV**. LVDOVICO. XIV. REGNANTE. ET. AEDIFICANTE. Buste du roi, à dr. ℟. MAJESTATI. AC. AETERNIT. GALL. IMPERII. SACRVM. Le Louvre; à l'exergue, IOAN. VARIN. FECIT. M. DC. LXV. Diam., 11. cent.

551. **Louis XIV**. LVD. XIIII. DG. FR. ET. NAV. REX. Buste, à dr. ℟. NVLLA. DIES. SVB. ME. NATOQVE. HAEC. FOEDERA. RVMPET. Louis XIV tenant son fils par la main, signe un traité avec les Suisses; à l'exergue, FEODERE. HELVETICO. INSTAVRATO. MDCLXIII. Diam., 5 cent. 1/2.

552. **Louis XIV et Anne**. LVDOVICVS. XIIII. D. G. FR. ET. NAV. REX. Son buste enfantin, à dr., dessous WARIN. 1643. ℟. ANNA. D. G. FR. ET. NAV. REG. Son buste, à dr.; dessous, WARIN. Diam., 6 cent.

553. **Louis XIV et Anne**. ANNA. D. G. FR. ET. NAV. REG. RE. R. MATER. LVD. XIV. D. G. FR. ET. NAV. REG. CHR. Buste de la reine Anne, tenant Louis XIV dans ses bras. ℟. Lisse. Diam., 10 cent.

554. **Louis XIV et Anne**. LVDOVICVS. XIV. R. CHRISTI. ANNA. AVSTRIACA. AVGVST. Bustes accolés de Louis XIV enfant et de sa mère. On lit sur un côté AB. DVPRÉ. F. 1643. Diam., 5 cent.

HOMMES ILLUSTRES FRANÇAIS.

555. **Arnaut**. ANTOINE. ARNAVI. D. DOCT. SORB. Son buste coiffé d'une calotte, à dr. ℟. Lisse. Diam., 10 cent.

556. **Bassompierre**. FR. A. BASSOMPIERRE. FRANC. POLEM. GLIS. HELV. PRAET. Son buste, à dr. ℟. QVOD. NEQVEVNT. TOT. SIDERA. PRAESTAT. Des vaisseaux et une tour dans la mer; dessous, 1633.

557. **Brulart** (Nicolas). NI. BRVLARTVS. A. SILLERY. FRAN. ET. NAVAR. CANCEL. Son buste, à dr.; dessous, G. DVPRE. F. ℟. ACTVS. IN. ORBEM. Le char d'Apollon. Diam., 7 cent.

558. **Calvin**. IOANNES. CALVINVS. M. Son buste, à dr. ℟. PRONTE. ET. SINCERE. IN OPERE. DOMINI. Une main tenant un cœur. Diam., 4 cent. 1/2.

559. **Condé et Marie de Montmorency**. H. BOVRBON. CONDAEVS. PRIM. REGIAE. FRANC. DOMVS. PRINCEPS. Buste du prince, à dr.; dessous, 1611. ℟. CAR. MARIA. MONTMORANTIA. PRINCIP. CONDAEI. VXOR. Buste de la duchesse; dessous, DVPRE. 1611. Diam., 6 cent.

560. **Desdiguières**. FRANCISCVS. A. BONA. DESDEGVIERIVS. AN. AET. 58. Son buste, à g.; dessous. G. DVPRE. F. ℟. IN. AETERNVM. M. D. C. Deux mains jointes. Diam., 5 cent. 1/2.

561. **Desdiguières**. FRAN. A. BONA. D. DESDIGVIERES. P. ET. COMESTABILIS. Buste, à dr.; dessous, 1623. ℟. GRADIENDO. ROBORE. FLORET. Écusson. Diam., 4 cent. 1/2.

562. **Grandvelle**. ANT. S. R. E. PB. R. CARD. GRANVELANVS. Son buste, à dr., sans revers. (Giov. Melone.)

563. **Dalichous**. AMANS. DALICHOVS. IN. CIVIT. LVGDVNENSI. CONSVL. Buste, à dr.; dessous, WARIN. 1632. Sans revers. Diam., 10 cent.

564. **Grolier**. CAROLVS. GROLIER. PRAE. MERC. LVGD. Buste, à dr.; dessous, WARIN. 1631. Sans revers. Diam., 10 cent.

565. **Jeannin**. PETRVS. JEANNIN. REG. CHRIST. A. SEGR. CONS. ET. SAC. AERA. PRAEF. Buste, à dr.; dessous G. DVPRE. F. 1618. Sans revers. Diam., 20 cent.

566. **Larochefoucault**. FRAN. DE. LAROCHEFOVCAVLT. LVGD. S. R. E. CARD. Buste, à dr., Sans revers. Diam., 6 cent.

567. **Lassalle**. Mre FRAN. DE. BAGLION. COM. DE. LASALLE. PRE. D. MARCH. Son buste, à dr.; dessous BIDAV, 1658. Sans revers. 11 cent.

568. **Laubespine**. CAROLVS. DE. LAVBESPINE. CVST. SIGILLI.

GALLIAE. MARC. DE. CHATEAVNEVF. Buste, à g., 1653. ℟. DABIT. NOMEN. AETERNVM. HOC. MONIMENTVM. La justice assise, appuyée sur un médaillon représentant Laubespine ; en face la Renommée sur un temple appelant les autres dieux qui arrivent. Diam., 9 cent.

569. **Lavallette.** I. L. A. LAVALETA. DE. ESPERN. P. ET. TOT. GALL. PEDIT. PRAEF. Buste de Lavalette d'Epernon, à dr.; dans le champ. G. DVPRE. F. 1607.*℟. INTACTVS. VTRINQVE. lion fuyant devant un génie malfaisant armé d'une torche. Diam., 6 cent.

570. **Longueville**. (Henri d'Orléans duc de) H. AVRELIVS. DE. LONGAVILAEVS. C. DVN. S. P. NO. Son buste cuirassé, à dr.. ℟. BELLI. PACIS. QVE. MINISTER. 1645. En quatre lignes dans une couronne. Diam., 5 cent.

571. **Luynes**. (duc de) CAR. DALBERT. DVX. LVINENSIS. P. FRAN. Buste. à dr. ℟. FIDELITAS. La Fidélité et la Félicité debout se donnant la main ; à l'exergue, CIƆIƆCXX. Diam., 4 cent. 1/2.

572. **Maleyssic.** H. DE. MALEYSSIC. PINEROLII. GVBERNATOR. Buste du gouverneur de Pignerol ; dessous, G. DVPRE. F. 1639.*℟. FIDA. FORTITVDINE. Porte de la forteresse. Diam., 11 cent.

573. **Mazarin.** IVLIVS. CARDINALIS. MAZARINVS. Son buste, à dr. ℟. NVNC. ORBI. SERVIRE. LABOR. Une charge de cavalerie. Diam., 5 cent.

574. — Même médaille en bronze doré.

575. **Montmorency.** ANNAS. MOMMORANCIVS. MILITIAE. GALLICAE. PRAEF. Buste nu, à g. ℟. PROVIDENTIA. DVCIS. FORTISS. AC. FELICISS. Les trois grâces debout. Diam., 5 cent.

576. **Neufville.** CAM. DE. NEVFVILLE. ABB. ATHAN. PRO. REX. LVGDVNENSIS. Buste, à dr.; dessous, WARIN. 1651. Diam.. 10 cent., sans revers.

577. **Neufville.** NIC. DE. NEVFVILLE. MARCH. VILL. GALL. MARESC. REG. PERS. ET. LVGD. MODER. Buste, à dr.; dessous, WARIN. 1651. Sans revers. Diam., 10 cent.

578. **Pasquier.** STEPH. PASCHASIVS. REG. RAT. LVT. PAR. PATRON. Buste, à g.; dessous, AET. 76 AN. 1605. ℟. HERCVLES. GALLICVS. Hercule tenant dans sa bouche des chaînes, avec lesquelles il entraîne la foule; dessous, ELOQVENTIA. Diam., 5 cent.

579. **Perrenot.** ANT. PERRENOT. S. R. E. FERT. CARD. ARCHIEPI. MECHL. Buste, à dr., sans revers. Diam., 6 cent.

580. **Pybrac.** V. E. PYBRACVS. Buste de face, médaille ovale sans revers. Haut., 5 cent.

581. **Rabelais.** M. FRANÇOIS RABELAIS. D. EN MEDEC. Buste de face sans revers. Diam., 5 cent.

582. **Richelieu.** ARMANDVS. S. ROM. ECCLESIAE. CARDINALIS. DE. RICHELIEV. Buste du cardinal, à dr. ℟. DE. OPERE. GLORIAM. Deux mains tressant une couronne. Diam., 4 cent.

583. **Richelieu.** ARMANDVS. IOANNES. CARDINALIS. DE. RICHELIEV. Son buste, à dr. ℟. TANDEM. VICTA. SEQVOR. La Renommée conduisant un char, sur lequel est assis un personnage tenant une épée, une Victoire vole au-dessus, et le couronne; une autre Victoire suit le char; dessous, WARIN. 1630. Diam., 7 cent. 1/2.

584. **Richelieu** ARMANVS. IO. AN. CARD. DE. RICHELIEV. Buste à dr.; dessous, I. WARIN. ℟. MENS. SIDERA. VOLVIT. 1631. Globe terrestre, dans un globe céleste, que fait rouler un génie ailé. Diam., 5 cent.

585. **Seguier.** PETRVS. SEGVIERIVS. FRANCIAE. CANCELLARIVS. Son buste, à dr., sans revers. Diam., 9 cent.

586. **Seguier** PET. SEGVIER. CANCEL. DVX. VILLEMORT. Buste, à dr.; ℟. HIC. OMNIA JVRE. RESOLVIT. 1663. L'agneau pascal couché sur le livre des Évangiles. Diam., 5 cent. 1/2.

587. **Toyras.** LE. MARECHAL. DE. TOIRAS. Son buste, à dr. dessous GVIL. DVPRE. F. 1634. ℟. ADVERSA. CORONANT. Le soleil perçant des nuages. Diam., 6 cent.

588. **Vaugrigneuse.** I. HEROARD. S. DE. VAVGRINEVSE. P. MEDECIN. D. ROY. Buste de face; dessous, WARIN. ℟. JOVE.

DIGNVS. APOLLONIS. ARTE. Écusson soutenu par deux lions dessous, OB. XI. FEB. 1628. Diam., 4 cent.

ECCLÉSIASTIQUES.

589. **Vallet.** IOANNES. VALLET. F. M. HOSP. HIER. Son buste, à g. ℟. HABEO. TE. Figure sur un éléphant allant s'embarquer. Diam., 6 cent.

590. **Clément VIII.** CLEMENS. VIII. PONT. MAXIMVS. ANNO. XII. Buste du pape, à g. ℟. + S. P. Q. R. M. D. C. III. Un monument surmonté de statues. Diam., 7 cent.

591. **Alexandre VII.** ALEXANDER. VII. M. PIUS. JVST. OPT. SENEN. PATR. GENTE. CHRISTVS. M. D. C. LIX. Buste du pape à g. Æ. MVNIFICO. PRINCIPI. DOMINICVS. JACOBATIVS. ET. FERA MEMOR. BENIFICII. Lion dans un cirque, se couchant aux pieds d'un gladiateur. Diam., 10 cent.

592. **Bembo.** PETRI. CARD. Buste avec une longue barbe à dr. ℟. Pégase. (Médaille attribuée à Benvenuto Cellini.) Diam., 6 cent.

593. **Barberin.** MAPHS. R. E. P. CAR. BARBERIN. SIG. IVST. PRAE. BONO. LEG. Buste du cardinal, à dr., dessous G. DVPRE. F. 1612. Sans revers. Diam., 9 cent.

594. **Borromée.** CAR. BORROMAEVS. CARD. ARCHIEP. MEDI. Buste, à g. dessous, AETA. XL. ℟. SOLA. GAVDET. HVMILITATE. DEVS. L'agneau pascal sur un autel. Diam., 5 cent.

EMPEREURS.

595. **Jean VIII.** Paléologue. IωANNHC. BACIAEVS. KAI. AVTO KPATωP. PωMAIωN. O. ΠΑΛΑΙΟΛΟΓΟC. Buste, à dr. ℟. OPVS. PISANI. PICTORIS. Deux cavaliers dont l'un est en prières devant une croix; dessous, EPΓON. TOV. IIICANOV. ZOΓPAΦOVC. Diam., 10 cent.

596. **Maximilien.** MAX. PO. IMP. SEMPER. AVGVST. ARCHIDVX. AVST. Buste couronné, à dr.; ℟. PLVRIVM. PROVINCIARVM. REX. ET. PRINCEPS. POTENTISSIMVS. Cavalier armé de toutes

pièces, entouré de cinq écussons, et suivi de deux soldats méd. d'argent. Diam., 4 cent.

597. **Maximilien II.** MAXIMIL. D. G. DVX. AVST. 1586. Buste à dr. ℞. MILITEMVS camp retranché. Diam., 3 cent.

SAVOIE.

598. **Victor Amédée.** VICTOR. AMEDEVS. DVX. SAB. PRINC. PED. REX. CIPR. Buste, à dr.; dessous, G. DVPRE. F. 1636, sans revers. Diam., 10 cent. 1/2.

599. **Emmanuel Philibert.** EM. PHILIBERT. DVX. SABAVDIE Buste du duc, à dr. Sans revers. Diam., 4 cent.

600. **Béatrix.** BEATRIX. DVX. SABAVDIE. Buste de la duchesse à dr. Sans revers. Diam., 7 cent.

601. **Christine**. CHRISTIA. A. FRANCIA. DVCISSA. SAB. REG. CYPRIE. Son buste couronné, à g., sans revers. Diam., 10 cent. 1/2.

602. **Christine**. CHRISTIA. A. FRANCIA. DVCISSA. SAB. REG. CY. G. DVPRE. F. 1635. ℞. Une masse d'armes entourée d'une bandelette sur laquelle on lit: PLVS. DE. FERMETÉ. QVE. DECLAT. Diam., 5 cent.

VENISE.

603. **Memmo.** MARCVS. ANTONIVS. MEMMO. DVX. VENETIARVM. Buste, à dr., avec le bonnet de doge; dessous, G. DVPRE. 1612. Diam., 9 cent.

GÈNES.

604. **André Doria**. ANDREAS. DORIA. P. P. Son buste, à dr., cheveux courts et longue barbe, derrière la tête un trident, dessous un dauphin. ℞. Une galère en mer suivie d'une petite barque. Médaille de Leone Lioni. Diam., 4 cent.

FLORENCE.

605. **Cosme I de Médicis**. COSMVS. MED. FLOREN. ET. SE-

NAR. DVX. II. Son buste, à dr. ℟. THVSCORVM. ET. LIGVRVM. SECVRITAS. IIVA. RENASCENS. Un port de mer rempli de vaisseaux. Diam., 4 cent.

606. **Cosme II de Médicis.** COSMVS. II. MAGN. DVX. ETRVRIAE. IIII. Son buste. à dr.; sous le buste, G. DVPRE. F. 1613. Diam., 9 cent.

607. **Marie Madeleine.** MAR. MAGDALENAE. ARCH. AVST. MAGN. D. ETR. Son buste avec une grande collerette, à g.; dessous G. D. F. 1613. (G. Dupré.) Sans revers. Diam., 10 cent.

608. **François de Médicis.** D. PRINCEPS. FRANCISCVS. MEDICES. Son buste cuirassé, à dr.; sous le buste, G. D. F. 1613. Sans revers. Diam., 10 cent.

609. **Ferdinand II de Médicis.** FERD. MED. MAGN. DVX. ETRVRIAE. III. Buste, à dr. ℟ NE. TRANSEAS. SERVVM. MEVM. Jésus-Christ et trois Apôtres. Diam., 5 cent.

FERRARE.

610. **François d'Este.** FRAN. ESTEN. MARCH. MASSA. Buste, à dr.; sans revers. Diam., 4 cent.

MANTOUE.

611. **Hippolyte d'Este.** HIPP. EST. II. CARD. FERR. Buste, à dr.; sans revers. Diam., 4 cent.

612. **Jean François de Gonzague.** IOANNES. FRANCISCVS DE. GONZAGA. CAPIT. MAXI. ARMIGERORVM. PRIMVS. MARCHIO MANTVE. Buste, à g.; ℟. OPVS. PISANI. PICTORIS. Deux cavaliers. Diam., 10 cent.

613. **Vincent de Gonzague.** VINCENTIVS. GONZAGA. Buste, à dr.; desous *Gasp. molo. f.* ℟. DG. DVX. MANTVE. IIII. ET. MONT. F. III. ETC. Saint Georges à cheval terrassant le dragon; dessous PROTEC. NOSTER. ASPICE. Diam., 4 cent.

PARME.

614. **Alexandre Farnèse.** ALEXANDER. FARNESE. PAR. PLA.

PRINC. BELG. DVM. GVB. Buste, à dr.; dessous, AET. 40 ℞. CONCIPE. CERTAS. SPES. 1584. Une tempête, dans le lointain une ville. Diam., 4 cent. 1/2.

PESARO.

615. **Constance Sforce**. CONSTANTIVS. SFORTIA. DE. ARAGONIA. DI. ALEX. SFOR. FIL. PISAVRIENS. PRINCEPS. AETATIS. AN XXVIII. Buste, à g. ℞. INEXPVGNABILE. CASTELLVM. PRAESTANTIVM. PISAVRENSE. SALVTI. PVBLICAE. M. CCCC. LXXV. Vue du château; dessous on lit : IO FR. PARMEN. (Jean François Euzola.) Diam., 8 cent.

PERSONNAGES ILLUSTRES ITALIENS.

616. **Arioste**. LVDOVICVS. ARIOSTVS. Buste, à dr.; sans revers Diam., 4 cent. 1/2.

617. **Cayme**. ALEXAND. CAYMVS. P. PAVLI. F. MEDIOL. I. V. D. ET. BON. ART. AMATOR. M. D. L. VI. Son buste, à g. ℞. OPTANDA. NAVIGATIO. La Fortune et Mars dans une galère. Diam., 4 cent. 1/2.

618. **Fontana**. DOMINIC. FONTANA. CIV. RO. COM. PALAT. ET. EQVES. AVR. Buste, à dr.; ℞. IVSSV. SIXTI. PONT. OT. MAXI. EREXIT. Quatre obélisques; dessous, 1589. Diam., 4 cent.

619. **Ferdinand de Gonzague**. FER. GONZ. PRAEF. GAL. CISAL. TRIB. MAX. LEGG. CAROLI. V. CAES. AVG. Son buste à g. Sans revers. Diam., 7 cent.

620. **Jordan II**. PAVL. IORD. II. BRACC. DVX. PLVMP. P. Son buste, à g.; ℞. D. G. ANG. M. COM. C. V. O. R. DOM. S. R. I. PRINC. La Fortune avec sa roue; dans le champ, ET. SINE. TE. 1635. Diam., 3 cent.

621. **Marini**. THOMAS. MARINVS. DVX. TERRAE. NOVAE. Buste, à dr.; ℞. NVNQVAM. SICCABITVR. ESTV. Le soleil dardant ses rayons sur la mer. Diam., 5 cent.

622. **Michel-Ange**. M. ANGELVS BONAROTVS. PATRICIVS. FLORENTINVS. Buste, à dr.; ℞. FAELICITER. IVNXIT. Un torse,

une palette et des pinceaux; à l'exergue, M. DC. LXXVIII. Diam., 5 cent. 1/2.

623. **Pic de la Mirandole,** FEDERI. PIC. MIRAN. AN. AET. XIV. Buste, à dr.; dessous PRIMAVD. Sans revers. Diam., 6 cent.

624. **Picini.** NICOLAVS. PICINVS. VICECOMES. MARCHIO. CAPITANEVS. MAX. AC. MARS. ALTER. Buste, à g. ℟. N. PICINVS. BRACCIVS. PISANI. P. OPVS. Griffon ailé allaitant deux enfants. Diam., 9 cent.

625. **Tite-Live.** TITVS. LIVIVS PATAVINVS. Buste, à dr. ℟. Un livre dans une couronne. Diam., 9 cent.

626. **Leonard de Vinci.** LEONARDVS. VINCINVS. FLORENTINVS. Buste, à g. ℟. SCRIBIT. QVAM. SVSCITAT. ARTEM. Un pinceau et une plume en croix; au-dessus une couronne; à l'exergue, 1639. Diam., 5 cent. 1/2.

627. — Buste de femme, à g.; coiffée en cheveux, robe avec collerettes et ceinture serrée à la taille. Diam., 6 cent. 1/2.

628. — Buste de femme, à g.; les cheveux nattés et relevés sur la tête. Médaille ovale. Haut., 5 cent.

MÉDAILLES ANGLAISES.

629. **Marie Tudor.** MARIA. I. REG. ANG. FRAN. ET. HIB. FIDEI. DEFENSATRIX. Buste, à dr.; dessous JAC. TREZ. ℟. CESIS VISVS. TIMIDIS. QVIES. Femme assise brûlant des armes, près d'un temple; derrière elle plusieurs personnages l'implorent. Diam., 7 cent.

630. **Charles Ier** CAROLVS. I. D. G. MAG. BRITANNIAE. FRAN. ET. HIB. REX. Buste du roi, à dr.; dessous, BRIOTR. NEC. META. MIHI. QVI. TERMINVS. ORBI. Un vaisseau à la voile. Diam., 6 cent.

MÉDAILLES ESPAGNOLES ET ALLEMANDES.

631. **Charles-Quint.** IMP. CAES. CAROLVS. V. AVG. Buste, à

dr. ℟. PHILIPVS. AVST. CAROLI. CAES. F. Philippe II à cheval tenant une masse d'arme. Diam., 10 cent.

632. **Charles-Quint et Philippe II**. IMP. CAR. V. ET. PHI. PRINC. ISP. Leurs bustes accolés, à dr. ℟. Les colonnes d'Hercule liées par un bandeau. Diam., 4 cent.

633. **Charles-Quint et Philippe II**. Leurs bustes accolés. ℟. Bustes accolés d'Henri II, et François II. Médaille ovale. Haut., 3 cent. 1/2.

634. **Charles-Quint et Isabelle** IMP. CAES CAROLVS. V. AVG. Buste lauré de Charles-Quint, à dr. ℟. DIVA. ISABELLA. CAROLI. V. VX. Buste de trois quarts d'Isabelle. Diam., 3 cent. 1/2.

635. **Marie d'Autriche**. MARIA. AVSTR. REG. BOEM. CAROLI. V. IMP. F. Son buste, à g. ℟. CONSOCIATIO. RERVM. DOMINA. Femme debout, marchant sur des armes, tenant une fleur et une couronne. Diam., 6 cent.

636. — Médaille semblable.

637. **Philippe II**. PHILIPPVS. REX. PRINC. HISP. AET. S. AN. XXVIII. Buste cuirassé, à dr.; dessous 1555. ℟. JAM. ILLVSTRABIT. OMNIA. Le char du Soleil. Diam., 6 cent. 1/2.

638. **Philippe II**. PHILIPPVS. HISPANIAR. ET. NOVI. ORBIS. OCCIDVI. REX. Son buste cuirassé, à g. ℟. PACE. TERRA. MARI. QVE. COMPOSTA. MDLIX. Femme brûlant des armes, devant le temple de Janus. (Paul Poggi.) Diam., 4 cent.

639. **Jean d'Autriche**. IOANNES. AVSTRIAE. CAROLI. V. FIL. AET. SVAE. AN. XXIIII. Buste, à g.; dessous. IO. MELON. F. 1571. ℟. CLASSE. TVRCICA. AD. NAVPACTAM. DELETA. (Lépante). Statue du prince couronné par une Victoire, sur une colonne rostrale. Diam., 4 cent.

640. **Philippe IIII**. PHILIPPVS. IIII. HISPANIAR. REX. Son buste, à dr. ℟. LVSTRAT. ET. FOVET. Char du Soleil. Diam., 5 cent. 1/2.

641. **Charles II**. CAROLVS. II. DEI. GRATIA. HISPANORVM. REX. Son buste de face. Sans revers. Diam., 4 cent. 1/2.

642. **Philippe V.** PHILIPPVS. V. HISPANIARVM. REX. Son buste à g.; dessous, S. VRBAIN. ℟. SIC. CVNCTVS. PELAGI. CECIDIT. FRAGOR. Neptune sur la mer. Diam., 5 cent.

643. **Louis de Montalte.** ALOISIVS. PRINCEPS. DVX. MONTIS. ALTI. ET. ALCALA. REGNI. SICILAE. PRORE. Buste à dr.; dessous, M. PIRIX. Sans revers. Diam., 6 cent.

MÉDAILLES DIVERSES

644. **Médaille Suisse.** Une croix tenue par deux anges, et entourée de sept écussons, sur la croix on lit: SI DEVS. NOBISCVM. QVIS. CONTRA. NOS. ℟. Une main dans une couronne, entourée de treize écussons des cantons Suisses; au-dessus de chaque écusson se trouve son nom. Argent. Diam., 7 cent. 1/2.

645. **Gustave Adolphe.** GVSTAWS. ADOLPH. D. G. SVECOR. GOTH. WANDAL. REX. Buste du roi de Suède, à dr.; dessous MDCXXXI. Sans revers. Diam., 6 cent. 1/2.

646. **Gustave Adolphe et Marie Eléonore.** GVSTAVVS. ADOLPHVS. REX. ET. MARIA. ELEON. REGINA. SVECIAE. Leurs bustes accolés, à dr.; ℟. PARCIT. SVBJECTIS. DEBELLATVRA. SVPERBOS. La Justice debout, entourée de personnages à genoux; à l'exergue, JVSTITIA. IMMOBILIS. Diam., 6 c. 1/2.

647. **Christine de Suède.** CHRISTINA. REGINA, Tête laurée, à dr. ℟. AVICTAM. Une main tenant une couronne. Æ. Diam., 4 cent.

648. **Jean Frédéric de Saxe.** IOANNES. FREDERICVS. ELECTOR. DVX. SAXONIE. FIERI. FECIT. AETATIS. SVAE. 32. Buste de face tenant une épée. ℟. SPES. MEA. IN. DEO. EST. ANNO. NOSTRI. SALVATORIS. M. C. XXXV. Ecusson. Diam., 6 c. 1/2.

649. **Maximilien et Marie de Bourgogne.** MAXIMILIANVS. MAGNANIM. ARCHIDVX. AVSTRIE. BVRGVND. Buste, à dr. dans le champ ETATIS. 19. ℟. MARIA. KAROLI. FILIA. HERES. BVRGVND. BRAB. CONJVGES. Buste, à dr.; dans le champ, ÆTATIS. 20. Argent. Diam., 4 cent.

650. **Maximilien et Marie de Bourgogne**. MAXIMILIANVS. FR. CAES. F. DVX. AVSTRIAE. BVRGVND. Buste avec de longs cheveux, à dr. ℟. MARIA. CAROLI. F. DVX. BVRGVNDIAE. AVSTRIAE. BRAB. C. FLAN. Buste de la duchesse, les cheveux noués au-dessus de la tête; dans le champ le monogramme de Marie, au-dessous d'une couronne. Diam., 5 cent.

651. **Guillaume d'Orange**. GVILEL. D. G. PR. AVRAICAE. CO. NASSAVIE. 1577. Buste, à dr.; dessous. COEN. BLOC. ℟. SAEVIS. TRANQVILLVS. VNDIS. Un oiseau entrant dans son nid, sur la mer. Diam., 4 cent.

652. **Maurice d'Orange**. MAVRITIVS. PR. AVR. CO. NAS. CAT. MARC. VER. ET. VLIS. Buste, à dr.; dessous, COEN. BLOC. F. ℟. TANDEM. FIT. SIRCVLVS. ARBOR. ANNO. 1602. Un arbre dans une couronne de lauriers. Diam., 4 cent.

653. — La même médaille ; sous le buste, C. V. B. F. Diam., 3 cent. 1/2.

654. **Maurice d'Orange**. MAVRITIVS. D. G. PRINCEPS. AVRACISE. COMES. NASS. ET. PROVIN. CONSA. GVB. Buste de face entouré d'écussons. ℟. HONNI. SOIT. QVI. MAL. Y. PENSE. Écusson dans une couronne; dessous, je maintiendrai. 1624. *Cum privilegio*. Argent. Diam., 7 cent.

655. **Ernest comte de Mansfeld**. ERNEST. PR. ET. CO. MANS. MAR. CAS. N. E. BV. B. HELD. Son buste, à dr.; dessous, Æ. ℟. FORCE. M'EST. TROP. Écusson, médaille ovale. Haut., 5 cent.

656. **Louis de Hongrie et Marie**. LVDOVIC. VNGAR. EC. REX. CONTRA. TVRCA. PVGNANDO. OCCVRVIT. Buste, à g.; dans le champ, 1526. AETATIS. SVAE. 30. ℟. MARIA. REGINA. EC. QVOS. DEVS. CONJVNXIT. HOMO, NON. SEPARET. Son buste à g.; argent doré. Diam., 4 cent.

657. **Guillaume de Hollande.** CAES. MAX. CORONAM. IMP. DONAVIT. AMSTELODAMO. 1488. L'empereur Maximilien couronnant Guillaume. ℟. COM. WILH. HOC. INSIGNE. AMSTE-

LODAMO. DONO. DEDIT. 1524. Sur la base du trône, P. VARCELE. F. Diam., 8 cent.

658. **Médaille Juive**. Tête de Moïse. ℞. Caractères hébraïques. Argent, 3 cent. 1/2.

MONNAIES DIVERSES

659. — Deux écus de *Louis XVI*, 1789, 1790; deux pièces 5 francs *Felix et Elisa*, 1805, 1806; 4 pièces.

660. — Piastre de *Joseph* roi d'Espagne 1810, 1 pièce. *Jérôme* roi de Westphalie X EINE. FEINE. MARK. 1812. Deux pièces.

661. — Une pièce de *Murat* roi de Naples DODICI. CARLINI. 1810, 2 livres du même, 1 piastre de *Ferdinand VII*. 1823. 3 pièces.

662. — Piastres d'*Augustin Iturbide*, de *Bolivard;* 3 pièces.

663. — Ecu de la république *Cisalpine* SCVDO. DI. LIRE. SEI. PRATILE. ANNO. VIII. Berthier prince de Neufchatel, demi-bathz, Kreutzer. 1807. *Frédéric Auguste de Saxe*. ZEHN. EINE. FEINE. MARK. 1836, 4 pièces.

664. — Pièce 5 franc de *Berthier* prince de Neufchatel; gravé par Droz pièce d'essai la date n'est pas terminée, on lit seulement: 181.

665. — Pièce semblable, mais frappée en étain avec le cordon.

666. — Pièce en cuivre, essai de deux francs de *Berthier*, prince de Neufchatel (Droz).

667. — Pièce d'essai en cuivre de l'écu de Calonne, buste de Louis XVI, gravé par Droz 1786.

668. — Pièce d'essai en cuivre de 50 sous de Louis Napoléon roi de Hollande. 1807.

669. — Pièces d'essai de 5 décimes et 2 décimes l'an VIII de la République française; tête casquée. 2 pièces.

670. — Pièce 5 francs de Henri V. 1831.

671. — Pièce arabe et deux petites médailles en or de Louis XVIII, et du duc de Berry.

672. — Une bague en or ayant pour chaton une médaille du duc de Berry.

673. — Sous ce n° on vendra une grande quantité de médailles modernes, de la République, de Napoléon, etc., en bronze et en argent.

674. — Un médailler en palisandre, contenant 40 tiroirs et 20 cartons à médailles.

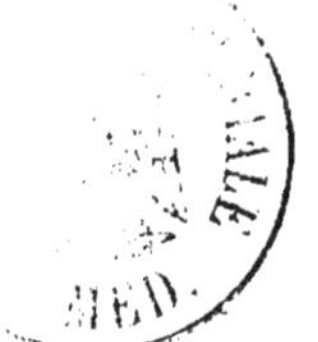

Paris, — Imprimerie de Pillet fils aîné, 5, rue des Grands-Augustins.

www.ingramcontent.com/pod-product-compliance
Ingram Content Group UK Ltd.
Pitfield, Milton Keynes, MK11 3LW, UK
UKHW021502260726
13993UKWH00004B/1532